数字产业创新研究丛书
总主编　李嘉珊

多语种语料库的应用价值研究

Research on the Application Value of Multilingual Corpus

李嘉珊　田嵩　著

社会科学文献出版社
SOCIAL SCIENCES ACADEMIC PRESS (CHINA)

本书由北京第二外国语学院"科技创新服务能力建设——高精尖学科建设"项目资助

摘　要

进入21世纪以来，中国经济腾飞的步伐不断加快，在世界经济中的地位也愈发显著。截至2020年，初步核算的国内生产总值达到1015986亿元[①]，比上年增长2.3%，成为新冠肺炎疫情影响下世界范围内为数不多实现国内生产总值正增长的国家。在习近平总书记提出把握两个大局，即中华民族伟大复兴战略全局和世界百年未有之大变局的背景下，中国经济的发展正在经历从注重数量到注重质量的转变，国际贸易仍旧是这一过程中不可或缺的重要环节。全球经济一体化仍旧是未来国际贸易发展的重要趋势，基于物联网和大数据的人工智能时代的来临，将进一步激发商业活动中的新需求和新维度，同时也对贸易活动中语言和文化的融合提出更高的要求。数字环境下的多语言服务将面临更多的挑战，在这一过程中，更多基于数字科技的创新型语言服务将实现与各行业的紧密联系与深度融合，以多语言环境为基础的数据挖掘和人工智能应用将对社会发展带来深层次的改变。

语料库（Corpus）是实现现代语言服务的重要基础，也是智能数据挖掘的重要保障。我们所说的语料库通常是指通过现代化的研究方法和信息处理手段对大规模文本进行科学分析和加工，并存储于专业化数据库平台的一种技术手段。语料库存储的是可以映射真实使用场景的语言

---

① 国家统计局：《中华人民共和国2020年国民经济和社会发展统计公报》，http://www.stats.gov.cn/tjsj/zxfb/202102/t20210227_1814154.html，最后访问日期：2021年2月27日。

素材，是现代语言学研究的重要理论基础。语料库按照涉及的语言种类又可以划分为单语种语料库、双语种语料库及多语种语料库，多语种语料库又可以划分为平行语料库和可比语料库。多语种语料库整合了不同文化背景的语言资源和社会资源，因此在语料库的设计和使用上更为复杂和多元。当前国内对于语料库的研究更多地集中于语料库的构建技术和语言学研究领域，对语料库应用价值的研究较为有限。实际上，语料库特别是多语种语料库中蕴含了丰富的语言文化资源，这些资源极具商业价值，进行有效的利用可以让语料库技术更加广泛地服务于社会各个领域，同时会带来良好的社会和经济价值。随着语料库技术的不断成熟，特别是大数据和人工智能技术给语料库的发展带来了新的契机，多语种语料库的应用价值将得到进一步提升。本书将对多语种语料库的构建和关键技术以及在此基础上形成的独特应用价值进行阐述，并对多语种语料库的应用价值挖掘和可行性实施路径进行深入探讨。

Abstract

In the 21st century, with the high growth rate of economy, China's economy has become more and more important in the world. By 2020, the GDP of China has reached 101598.6 billion yuan, with a growth rate of 2.3%, becoming one of the few countries in the world to achieve the GDP growth under the COVID-19 pandemic influence. In the context of Xi Jinping's "Two overall situations", the development of China's economy is changing from quantitative change to qualitative change, and the intertrade is still a very important component of it. The integration of the global economy is still an important trend in the future, at same time, the era of AI (artificial intelligence) based on IoT (Internet of Things) and big data is coming. Innovations in business are constantly emerging, and higher-level requirements for the integration of language and culture are being put forward. Multilingual services will face more challenges and opportunities in the digital environment. More innovative language services will realize deep connection and integration withdifferent industries with digital technology. The application of data mining and artificial intelligence based on multilingual environment will bring profound change to social development.

Corpus is not only an infrastructure for modern language services, but also an important guarantee for intelligent data mining. Corpus is a kind of modern technology and research method to analyze and process large-scale texts, and is a database platform to store Massive resources. The content in corpus is the mapping of language materials in the real world, which is an important theoretical basis of modern linguistics research. According to the types of languages involved, corpus can be divided into monolingual corpus, bilingual corpus and multilingual corpus. For multilingual corpus, it can be divided into parallel corpus and comparable corpus. Multilingual corpus integrates the language and social resources with cross-cultural backgrounds, so the design and usage is more complexity and diversification. The mainstream of corpus research in China is the construction of corpus and the analysis of linguistics, and the research on the application value of corpus is limited. In fact, multilingual corpus contains with plentiful cultural resource which has more potential commercial value. Effective use of corpus can make it more widely apply in all areas of society, and bring good value of social and economic. Big data and AI technology bring the new opportunities to the corpus, the application value of multilingual corpus will be further enhanced. This book will elaborate on the construction framework and key analysis technologies of multilingual corpus, and will conduct senior research on the application value mining and implementation path of multilingual corpus.

目　　录

第一章　绪　言 · 1
第一节　语言的起源和主要语言分布情况 · 1
第二节　语言服务的商业挖掘现状 · 10
第三节　语言服务在我国的发展情况 · 15

第二章　语料库概念界定和学术梳理 · 18
第一节　关于语料库 · 18
第二节　语料库的特点 · 25
第三节　语料库在全球范围的发展 · 27
第四节　前沿技术在语料库发展中的应用 · 30

第三章　典型语料库应用案例 · 34
第一节　语料库在语言翻译领域的应用 · 34
第二节　语料库在教育教学领域的应用 · 41
第三节　语料库在对外传播领域的应用 · 51
第四节　语料库在商业服务领域的应用 · 57

第四章　多语种语料库的建设及关键技术 · 72
第一节　多语种语料库介绍 · 72
第二节　多语种语料库的特征 · 77

第三节　多语种语料库的构建框架……………………… 79
　　第四节　多语种语料信息智能分析技术…………………… 90
　　第五节　语料资源的大数据采集和存储技术……………… 116
　　第六节　多语种语料库信息检索及可视化呈现…………… 126

第五章　语料库应用价值挖掘…………………………………… 140
　　第一节　多语种语料库与版权服务贸易…………………… 141
　　第二节　基于数据驱动的商业价值挖掘…………………… 146
　　第三节　多语种语料库促进翻译服务发展………………… 152
　　第四节　基于语言服务的信息挖掘应用…………………… 157
　　第五节　大数据时代多语种语料库的应用价值挖掘……… 162

第六章　趋势与展望……………………………………………… 167
　　第一节　多语种语料库的发展趋势………………………… 167
　　第二节　对未来的展望……………………………………… 170

参考文献…………………………………………………………… 177

后　　记…………………………………………………………… 184

第一章 绪 言

第一节 语言的起源和主要语言分布情况

一 语言的起源

1. 两种假说——连续性假说和非连续性假说

连续性假说的基本假设是语言不能突然形成，需要有一个过程，且必须起源于灵长类的语言系统。现代语言学理论的奠基者——瑞士语言学家 F. D. 索绪尔（F. D. Saussure）认为，语言学是一门具有很大影响力的独立学科，语言具有存在必要性的前提是有表达的符号和表达的含义。F. 恩格斯（F. Engels）常说，人类是可以制造工具的动物，人和语言是劳动的产物。有一些研究表明我们的祖先在集体行动的进化过程中产生了语言。在一些研究中，科学家认为与语言有关的符号系统是人类祖先语言的产物，符号语言随着人类的发展而发展，并被赋予了读法，产生了有声语言。另一些科学家认为语言是从自然发音或感叹词中产生的，但由于缺乏直接的证据，很难检验语言真正的起源。在过去的十年里，随着科学的进步，科学家用新的技术来研究语言的起源。例如，科学家将人类化石进行结构解剖，或者使用计算机模拟，从而研究语言符号是如何发展的。还有一些学者会更关注语言在社会层面的影响力，研究人类社会和文化对语言起源的影响。

非连续性假说认为，语言的一些独特之处是突然产生在人类进化过程中的，这与人类基因的进化和突变有关。该理论代表人物是美国哲学家 A. N. 乔姆斯基（A. N. Chomsky），他发表的《句法结构》被认为是 20 世纪语言学理论最伟大的贡献，同时也是现代语言学理论的奠基石。乔姆斯基强调，语言是人特有的，只有人拥有语言，其他任何动物都不具备语言能力。在 20 世纪六七十年代，国外一些研究者做过多次实验，他们试图教猴子说话，但猴子始终不能发出人的声音，还有许多实验中心尝试教猴子识别某个词语的概念，以失败告终。这些实验结果表明，动物大概率不能像人类一样具有语言能力。

2. 从考古学的角度看语言学起源

从考古学的角度看，考古学研究是探究人类历史和人类史前文化形成的主要途径，它为人类的生物学发展和文化史发展的许多方面提供了直接的证据。然而，文字被发明之后才出现了这些直接的证据，它们存在于石头、黏土或其他古老材料上，最早的证据可以追溯到 5000 多年前。语言的历史要更古老，不只存在了 5000 多年，这些石头、黏土和其他古老材料上的文本并不能为语言学的起源和发展提供充足的证据。

3. 关于语言学起源的当代研究

2011 年 4 月，新西兰奥克兰大学的科学家 Q. 阿特金森（Q. Atkinson）在《科学》杂志上发表了一篇题为《语音多样性支持语言从非洲扩张的系列奠基者效应》的文章，分析了世界上 504 种语言，发现语言音素并不是均匀分布的，非洲语言比南美洲和太平洋岛屿的语言包含的音素要少。阿特金森认为从人类遗传多样性的角度来看，世界上非洲的人类遗传多样性最高，于是他认为现代人类语言源于非洲（Atkinson，2011）。

有其他学者对阿特金森的这一假说提出质疑。2012 年 2 月，中国学者李辉等在《科学》杂志中发表文章，认为全世界语言的起源最可能出现在亚洲，精确地说是在里海南岸（Wang, Ding et al., 2012）。欧洲学者迈克尔·西索沃等人认为，阿特金森的假设只是自己的猜想，没有充分的数据来证实。他们在研究过后发现语言的发源地可能是东非、高加索山脉（里海和黑海之间）或是其他地区。

4. 语言起源复杂，至今仍无定论

事实上，语言起源复杂，到现在都没有定论。目前，关于语言起源的时间、地点、方式等问题的假说很多，基本上每个学者对此都有独特的看法。语言起源的假说包括神授说、手势说、感叹说、摹声说、劳动说、契约说、突变说、渐变说及本能说等，但是多种学说对语言起源的探索仍然在起步阶段。20世纪90年代起，语言起源的问题引起了语言学家、考古学家、心理学家、生物学家和人类学家的共同关注，但由于缺少足够的科学依据，以及语言因时间久远而产生的复杂性，这一探索并没有取得多大进展。总的来说，语言的起源和发展是一种社会现象，同时也是一种自然现象，它体现了人类思维的发展和历史文明的演进。

二 主要语言分布情况

党中央提出逐步形成以国内大循环为主体、国内国际双循环相互促进的新发展格局，以此来应对"新变局"。在新发展格局的大背景下，如何进一步开展中国与共建"一带一路"国家的经贸合作，如何通过分工合作、互利共赢推进"一带一路"走深走实成为我们需要思考的重要问题。中国与共建"一带一路"国家加强合作的一个重要前提是减少语言沟通的障碍，提高沟通效率和语义传播的准确度，本节主要介绍共建"一带一路"国家官方语言分布情况，从而可以分析不同地域使用语言的特点。

2013年习近平总书记提出"一带一路"倡议，"五通三同"丰富的内涵得到广泛认可，"一带一路"实践中的举措得到积极响应，产生了广泛而深远的影响。随着"一带一路"建设不断推进，中国在共建"一带一路"国家的影响力不断提升。同时，在与共建"一带一路"国家的交往和协作过程中，了解不同目的地国丰富的语言文化背景，以及针对不同地区提供更加专业化和个性化的区域语言和文化服务的需求愈发旺盛。

截至 2021 年 1 月 30 日，中国已经同 140 个国家和 31 个国际组织签署 205 份共建"一带一路"合作文件。[①] 在这 140 个国家中，包括非洲 46 国、亚洲 37 国、欧洲 27 国、大洋洲 11 国、南美洲 8 国以及北美洲 11 国。除了新加坡等少数几个国家，大多数国家都属于发展中国家。这 140 个国家中，有 107 个国家只有 1 种官方语言，22 个国家有 2 种官方语言，7 个国家有 3 种官方语言，4 个国家有 4 种及以上官方语言，具体的情况见表 1－1。

表 1－1　共建"一带一路"国家官方语言统计情况

区域	国家数量（个）	国家名称	官方语言
非洲	46	苏丹	阿拉伯语
		南非	有 11 种官方语言，英语和阿非利卡语为通用语言
		塞内加尔	法语
		塞拉利昂	英语
		科特迪瓦	法语
		索马里	索马里语和阿拉伯语
		喀麦隆	法语和英语
		南苏丹	英语
		塞舌尔	克里奥尔语、英语和法语
		几内亚	法语
		加纳	英语
		赞比亚	英语
		莫桑比克	葡萄牙语
		加蓬	法语
		纳米比亚	英语
		毛里塔尼亚	法语
		安哥拉	葡萄牙语

---

① 中国一带一路网：《已同中国签订共建"一带一路"合作文件的国家一览》，https://www.yidaiyilu.gov.cn/gbjg/gbgk/77073.htm，最后访问日期：2021 年 3 月 12 日。

续表

区域	国家数量（个）	国家名称	官方语言
非洲	46	吉布提	法语和阿拉伯语
		埃塞俄比亚	阿姆哈拉语
		肯尼亚	斯瓦希里语和英语
		尼日利亚	英语
		乍得	法语和阿拉伯语
		刚果（布）	法语
		津巴布韦	英语、绍纳语和恩德贝莱语
		阿尔及利亚	阿拉伯语
		坦桑尼亚	斯瓦希里语和英语
		布隆迪	基隆迪语和法语
		佛得角	葡萄牙语
		乌干达	英语和斯瓦希里语
		冈比亚	英语
		多哥	法语
		卢旺达	卢旺达语、英语、法语和斯瓦希里语
		摩洛哥	阿拉伯语
		马达加斯加	法语
		突尼斯	阿拉伯语
		利比亚	阿拉伯语
		埃及	阿拉伯语
		赤道几内亚	西班牙语
		利比里亚	英语
		莱索托	英语和塞索托语
		科摩罗	科摩罗语、法语和阿拉伯语
		贝宁	法语
		马里	法语
		尼日尔	法语
		刚果（金）	法语
		博茨瓦纳	英语

5

续表

区域	国家数量（个）	国家名称	官方语言
亚洲	37	韩国	韩国语
		蒙古国	蒙古语
		新加坡	英语、华语、马来语、泰米尔语
		东帝汶	德顿（TETUM）语和葡萄牙语
		马来西亚	马来语
		缅甸	缅甸语
		柬埔寨	柬埔寨语
		越南	越南语
		老挝	老挝语
		文莱	马来语
		巴基斯坦	英语和乌尔都语
		斯里兰卡	僧伽罗语和泰米尔语
		孟加拉国	英语
		尼泊尔	尼泊尔语
		马尔代夫	迪维希语
		阿联酋	阿拉伯语
		科威特	阿拉伯语
		土耳其	土耳其语
		卡塔尔	阿拉伯语
		阿曼	阿拉伯语
		黎巴嫩	阿拉伯语
		沙特阿拉伯	阿拉伯语
		巴林	阿拉伯语
		伊朗	波斯语
		伊拉克	阿拉伯语和库尔德语
		阿富汗	普什图语和达里语
		阿塞拜疆	阿塞拜疆语
		格鲁吉亚	格鲁吉亚语
		亚美尼亚	亚美尼亚语
		哈萨克斯坦	哈萨克语和俄语

续表

区域	国家数量（个）	国家名称	官方语言
亚洲	37	吉尔吉斯斯坦	俄语
		塔吉克斯坦	塔吉克语
		乌兹别克斯坦	乌兹别克语
		泰国	泰语
		印度尼西亚	印尼语
		菲律宾	英语
		也门	阿拉伯语
欧洲	27	塞浦路斯	土耳其语和希腊语
		俄罗斯	俄语
		奥地利	德语
		希腊	希腊语
		波兰	波兰语
		塞尔维亚	塞尔维亚语
		捷克	捷克语
		保加利亚	保加利亚语
		斯洛伐克	斯洛伐克语
		阿尔巴尼亚	阿尔巴尼亚语
		克罗地亚	克罗地亚语
		波黑	波什尼亚语、塞尔维亚语和克罗地亚语
		黑山	黑山语
		爱沙尼亚	爱沙尼亚语
		立陶宛	立陶宛语
		斯洛文尼亚	斯洛文尼亚语
		匈牙利	匈牙利语
		北马其顿（原马其顿）	马其顿语
		罗马尼亚	罗马尼亚语
		拉脱维亚	拉脱维亚语
		乌克兰	乌克兰语
		白俄罗斯	白俄罗斯语和俄语

续表

区域	国家数量（个）	国家名称	官方语言
欧洲	27	摩尔多瓦	摩尔多瓦语
		马耳他	马耳他语和英语
		葡萄牙	葡萄牙语
		意大利	意大利语
		卢森堡	法语、德语和卢森堡语
大洋洲	11	新西兰	英语和毛利语
		巴布亚新几内亚	英语
		萨摩亚	萨摩亚语
		纽埃	纽埃语和英语
		斐济	英语、斐济语和印地语
		密克罗尼西亚联邦	英语
		库克群岛	库克群岛毛利语和英语
		汤加	汤加语和英语
		瓦努阿图	英语、法语和比斯拉马语
		所罗门群岛	英语
		基里巴斯	英语
南美洲	8	智利	西班牙语
		圭亚那	英语
		玻利维亚	西班牙语和克丘亚语、阿依马拉语等36种印第安民族语言
		乌拉圭	西班牙语
		委内瑞拉	西班牙语
		苏里南	荷兰语
		厄瓜多尔	西班牙语
		秘鲁	西班牙语
北美洲	11	哥斯达黎加	西班牙语
		巴拿马	西班牙语
		萨尔瓦多	西班牙语
		多米尼加	西班牙语
		特立尼达和多巴哥	英语

续表

区域	国家数量（个）	国家名称	官方语言
北美洲	11	安提瓜和巴布达	英语
		多米尼克	英语
		格林纳达	英语
		巴巴多斯	英语
		古巴	西班牙语
		牙买加	英语

资料来源：中国一带一路网。

这140个与中国签署共建"一带一路"合作文件的国家共涉及83种官方语言，其中英语的使用最为广泛，多达39个国家选择英语作为官方语言。有21个国家选择法语、19个国家选择阿拉伯语、11个国家选择西班牙语作为官方语言。另外这83种不同语言中，有69种语言只有单一国家使用。共建"一带一路"国家官方语言统计情况见表1-2。

表1-2 共建"一带一路"国家官方语言统计

语言	作为官方语言的国家数量（个）
英语	39
法语	21
阿拉伯语	19
西班牙语	11
葡萄牙语	5
俄语	4
斯瓦希里语	4
马来语	2
泰米尔语	2
德语	2
希腊语	2
塞尔维亚语	2

续表

语言	作为官方语言的国家数量（个）
土耳其语	2
克罗地亚语	2
其他（单一国家使用）	69

资料来源：外交部网站。

从地理分布的角度来看，被较多国家认定的官方语言通常具有非常明显的地域群特征，即如果国与国之间接壤，且具有相近的宗教或文化背景，官方语言往往是统一的。从地域视角观察共建"一带一路"国家官方语言的分布情况可以发现，共建"一带一路"国家的文化背景非常复杂，各国使用的官方语言具有多样性和复杂性的特点，其中阿拉伯语、法语和英语这三种语言的使用最为广泛，且分别在不同区域形成各自明显的语言群落，东欧和东南亚地区各国使用的官方语言则呈现明显的多样化特征。

从上述的介绍中可以看出，要实现"一带一路"倡议的顺利推进，不仅需要政府主管部门的引导和相关配套政策的支持，以及各企事业单位、对外经济贸易公司、科研院所的鼎力协助，同时还需要大量掌握共建"一带一路"国家多样化语言和文化背景的专业化人才队伍，特别是能够对多语种语料资源进行深入挖掘的人才尤为重要。

第二节　语言服务的商业挖掘现状

一　中国商业化发展背景介绍

改革开放以来，我国社会主义现代化建设取得了举世瞩目的成就，我国国际社会影响力不断提高，实力不断增强，在国际上的地位显著上升，经济社会面貌发生了巨大变化。

在经济总量方面，1978 年，我国国内生产总值（Gross Domestic

Product，以下简称"GDP"）为3678.7亿元，在世界主要国家中位居第十位；2019年，我国GDP为986515.2亿元，位居世界第二。2020年尽管受到新冠肺炎疫情的影响，社会和经济发展受到制约，但是因为政府行之有效的疫情防控措施和全社会的共同努力，国家统计局发布2020年我国GDP为1015986亿元，首次跨过百万亿元大关，同比增长2.3%。[①]在外汇储备方面，我国外汇储备量越来越大，1978年，我国外汇储备仅1.67亿美元；2006年为10663.44亿美元，超过日本成为世界第一外汇储备国；2019年为31079.24亿美元，稳居世界第一。在对外贸易方面，我国进出口贸易总额实现了由1978年的第29名到如今世界第一的转变，1978年，我国货物进出口总额为355.04亿元，2019年为315627.32亿元，对外贸易的国际竞争力明显增强。40多年来，我国第三产业所占比例不断提高。从三次产业增加值来看，1978年，三次产业增加值占比分别为27.7%、47.7%、24.6%，2019年分别为7.1%、38.6%、54.3%，第一产业增加值占比减少，第三产业增加值占比增加。

改革开放以来，我国不断创新商业模式和商业理念。在商业模式方面，我国增加了连锁经营、产销直供、现代物流等模式，这是传统生活服务业走向现代化的道路上取得的历史性的进步。1992年党的十四大召开，我国社会主义市场经济体制确立，从制度上对商业领域进行创新。进而，我国流通领域实现了完全市场化。在商业理念方面，我国解放思想，引进世界跨国零售集团，激励本土企业进行创新与发展。在现代科技应用方面，以数字技术为代表的第四次工业革命推动了我国商业科技应用的创新，给我们的生活、服务业带来了翻天覆地的变化。2019年，我国全年社会消费品零售总额达408017.2亿元，而1978年只有1558.6亿元，实现了约260倍的增长。

---

① 国家统计局：《2020年四季度和全年国内生产总值（GDP）初步核算结果》，http://www.stats.gov.cn/tjsj/zxfb/202101/t20210119_1812514.html，最后访问日期：2021年1月19日。

11

二 语言服务的概念

语言服务不再是单一的语言学习与研究，它是将语言学与其他产业结合的一种服务，要求提供语言服务的从业人员掌握复合学科，为高新技术产业、国际经济与贸易、海外法律、国际交流合作、政府事务处理等提供语言服务，实现信息流动、知识传递、文化交流。中国翻译协会在 2016 年首次将语言服务定义为以语言能力为核心，以跨语言、跨文化交流为目标，提供以跨语言信息转化产品和服务为内容的现代服务业。

在语言学学术界，各位学者、专家对语言服务的概念有各自的理解。张文、沈骑（2016）认为语言服务的起源是翻译服务，袁军（2014）认为语言服务以信息转换为核心，在提供产品和服务的过程中通过语言信息转换帮助消费者克服沟通过程中出现的语言障碍。李宇明（2016）认为语言服务是利用含文字在内的语言、语言知识、语言技术等一切与语言有关的内容来满足人类生活的需要。赵世举（2012）对语言服务进行了划分，将其分为语言知识服务、语言技术服务、语言工具服务、语言使用服务、语言康复服务和语言教育服务。

孙多勇（2005）特别提出语言应急服务的概念，即以语言应急知识为核心，利用相关技术和工具来提供语言应急服务。针对语言应急服务，国内翻译公司也在贡献自己的力量，比如百度翻译为助力抗击疫情而研发了生物医药引擎翻译和重点疫情地区语种翻译等技术来提供语言服务。

三 语言服务的商业挖掘

1. 翻译产品商业化

翻译产品的用户相对其他类型产品的用户，不管是用户人群、用户地区还是用户年龄，都具有比较明显的特征。第一，用户人群基本固定，一般来说，学生和白领居多，学生使用翻译产品学习外语，白领则多使用翻译产品处理工作中的沟通问题、阅读外语材料和进行咨询工作等。第二，用户分布在不同的地区，但大部分都集中在广东、北京、上海、江苏等教育程度和消费能力较高的地区或其他经济发展较好的沿海地区。第三，消费者年龄相对集中，大多消费者具有一定的经济基础，处于 20 岁至 40 岁之间。

翻译产品的商业变现路径包括流量变现和增值服务收费。流量变现，就是通过不收取费用的产品或服务，初期凭借高质量的体验来吸引用户，在积累大规模的用户后，以商业广告的形式来获取收益，从而实现盈利目的。增值服务收费是指对人工翻译功能收取一定的费用，这些收费的增值服务包括离线翻译包、专业词典、付费在线教育等。

2016 年 9 月，谷歌推出基于神经网络的机器翻译引擎 GNMT（全称为 Google's Neural Machine Translation System），这一产品的问世具有颠覆性意义，对提高翻译质量和优化翻译效果都有非常大的作用，随着整个系统的运行，翻译质量不断得到提高，机器翻译的水平正在接近甚至超过人工翻译的水平，在语言服务领域发挥重要作用。2018 年底，腾讯 AILab（人工智能实验室）研制出的人工智能辅助翻译产品 Tran Smart 得到了业界的普遍关注。Tran Smart 是机器翻译产品，它能够面向人工翻译场景，也是业内第一个交互式机器翻译产品。该产品结合神经网络机器翻译、交互式机器翻译、翻译输入法、翻译记忆片段复用技术，配合亿级双语数据，提升用户完成翻译任务的速度，改善用户的使用效果。腾讯 AILab 针对人工翻译市场现状，特别加强了 Tran Smart 常见专业领域的翻译性能，尤其是在教育、合同、法律和专利等领域。讯飞翻译机 3.0 是科大讯飞推出的配备麦克风阵列及双立体声扬声器的新一代人工智能产品，用"听得清"保证"译得准"。该产品可以实现不同语种之间的翻译，语种可覆盖全球近 200 个国家和地区。讯飞翻译机 3.0 配备高清摄像头与闪光灯，全面改善拍照翻译体验，支持随拍随译。强大的离线翻译功能可实现语种的离线语音互译和中英文的离线拍照互译。此外，讯飞翻译机 3.0 还支持方言翻译、中文翻译以及带口音的外语的识别和翻译。随着在行业内多年经验的积累，翻译机器已具备非常丰富和完善的翻译数据与专业知识，因此该产品在专业领域内的翻译工作具有较高的准确性和专业度。2020年初，新冠肺炎疫情突袭而至，语言翻译产品服务于抗疫战役，将中国宝贵的抗疫经验通过多国文字及时地传递给全世界，让各国学习中国的经验，让更多的人能够积极参与防疫抗疫。

2. 语音识别技术带来商业价值

语言识别技术，也称为自动语言识别（Automatic Speech Recognition），顾名思义，这种技术是为了将人类语言中的词汇转换为计算机可读的内容，按键、二进制编码和字符序列等都利用了这种技术。语言识别技术不同于语音识别技术，也不同于语音确认技术，语音识别技术和语音确认技术的识别和确认对象都不是人类语言中的词汇，而是表达这些词汇的人本身。语音识别技术日趋成熟，得到了广泛的商业化应用。以杭州好云教育科技有限公司提供的 My ET 语音识别软件为例，在浙江省高校互联网听说比赛中，该软件用大数据评价学生学习习惯，并在比赛过程中评价学生口语能力的变化情况。ET 自动语音分析系统（Automatic Speech Analysis System）在中国、英国、法国、德国和日本在内的9个国家申请了发明专利，它通过对语言学习、语调、语言可理解性和音量四个要素的分析，给在口语学习中遇到问题的使用者提供有效的改进建议和指导。

3. 对商业运营模式的探索——以旅游景区语言服务为例

景区语言服务在数字化的智慧景区服务中占比较大，对景区语言服务商业运营模式的探索和改进可以使其更加完善。对商业运营模式进行探索可以采用多种方式，一是商业公司从政府获得财政支持来研发技术；二是政府充当引导者和管理者的角色，商业公司独立筹措资金，独立运作；三是商业公司和政府合资。景区根据自身特点和市场特征选择适合的商业模式，通过改善旅游服务来获得收益，在这一过程中，旅游景区可以与提供语言服务的相关商业公司进行合作，并进行收益的分配，达到双赢的结果。如对印有外语的指示牌进行定期检查维修、印刷与翻译讲解牌的语言、聘用讲解人员及翻译人员，以及对语言服务的咨询设计培训等都需要和相关的公司进行合作。同时，还可以利用互联网、人工智能等技术，实现景区的语言服务水平与综合竞争力的提升，带动相关产业链的发展。

对与语言服务相关的商业公司和产业链来说，景区的发展可以带动景区语言服务业的发展，进而带动相关产业的发展，景区在导览、介绍中的翻译服务可以带动语言服务业的发展。如今，在共建"一带一路"的背景下，我国相关省份等应积极发现和发挥当地旅游资源的优势，根据实际情况不断提高景区语言服务水平，提高景区竞争力，吸引更多游客。

第三节　语言服务在我国的发展情况

一　传统语言培训服务

1. 高校培养

全国高校基本都设有语言类课程，其中，以外语教学为主的高校包括北京外国语大学、上海外国语大学、北京第二外国语学院、北京语言大学、大连外国语大学、四川外国语大学、西安外国语大学和广东外语外贸大学等。这些外语类院校开设多语种语言类的专业课程，包括小语种和超小语种课程。这些高校积极开展语言相关的研究项目，并举办许多对外交流活动。外国语院校还会组织语言等级考试，为学生在语言学上的精进提供机会。部分外语类院校响应国家号召，设置交叉学科（如语言学+经济学），为国家培养同时精通不同领域的复合型人才，以适应新时代国内经济社会的发展和国际社会的交往趋势。

2. 培训机构培训

我国语言培训机构针对不同的学习阶段和不同的考试类型开设了各

种类型的语言培训班。我国知名度较高的语言培训机构，如新东方、华尔街、英孚等，师资力量强大，配备顶尖的中、外教老师，这些机构根据当下最实用的欧盟语言标准和国内的状况完成教材编写，让语言课程更契合中国学生的特点。但目前我国大多数语言培训机构还是以英语为主，缺少其他语种的教学，一方面是因为我国学生对小语种的学习需求有限，另一方面是由于师资不足，并且小语种的应用机会不普遍，所以英语之外的语种教学任务主要由各高校完成。

二 专业语言翻译服务

1. 文字翻译

据文字记载，我国翻译事业约有两千年的历史，我国翻译史可分为五个阶段：东汉到宋的佛经翻译，明末清初的科技翻译，清末民初的西学翻译，"五四"以后的文学与社会科学翻译和新中国成立以后的翻译。目前，我国的文字翻译实现了在多领域的应用，不局限于研究报告、文献、文学经典、说明书等阅读材料，而是渗透到了社会生活的各个角落，如产品包装和指示牌的翻译等。相较于西方发达国家，我国的翻译行业起步稍晚，但基于我国现实，对翻译人才数量的需求日益旺盛，对翻译人才水平的要求也越来越高。有数据表明，当前我国从事翻译工作的人员大约有100万人，并且其中一部分从业人员的翻译技能、专业资质相对来说都比较弱，所以中国翻译行业的进步空间还是比较大的。

2. 同声传译

目前，全世界95%的国际性会议都会采用同声传译，我国在同声传译服务方面具有以下特点：第一，我国当前对同声传译的专业训练非常稀缺，教授口译专业的院校较少，拥有联合国或欧盟认证的最高级的同声传译人才稀缺，并且同声传译人才地区分布不平衡，大多集中在北京、上海、广州这些一线城市，其他东部城市和中西部城市同声传译人才极少；第二，同声传译在国际交流中的重要性不言而喻，因此不管是从学术研究还是专业实践的角度来看，都要求人才具有很高的水平，在进行同声传译的学习前必须通过全国高级翻译资格考试，但全国高级翻译资格考试难度较大，通过率非常低，因此我国学习同声传译的人员数量增长较为缓慢；第三，我国继续加强对外开放且在对外开放中的主体地位不断增强，对同声传译人才的需求越来越大，有资料显示全球年翻译市场产值达数百亿美元，其中亚太地区占30%，中国翻译市场产值就已达到200亿元左右，因此现在各大高校的优秀口译毕业生已经成为各企事业单位的争抢对象。

三 各行业语言服务的应用

经济全球化是大势所趋，不可逆转，几乎每个行业都会存在与其他国家合作的企业，因此我国培养的语言服务人才会流向各行业的企业。作为语言服务大国，我国对语言服务人才的需求十分旺盛。以华为为例，2016年，上海交通大学外国语学院携手华为成立语言服务合作基地，双方结合各自的优势，在翻译服务、人才培养等领域开展合作。[①] 华为在170多个国家都设立了销售机构，全球17万员工中非中国籍员工将近4万，海外销售机构中非中国籍员工超过3/4。为满足公司巨大的多语言翻译服务需求，华为翻译中心采取机器翻译与人工翻译相结合的方式，为华为及子公司提供笔译、口译、语言测试、技术写作、英语语言认证等一站式语言服务解决方案。

---

① 上海交通大学：《我院携手华为成立语言服务合作基地》，https://sfl.sjtu.edu.cn/Data/View/1046，最后访问日期：2016年3月23日。

第二章 语料库概念界定和学术梳理

第一节 关于语料库

一 语料库的概念

语料库可以被看作涵盖了各类语种语言样本的电子文本库,常被用作语言研究,而这种语言研究的典型特征是它需要计算机分析工具的帮助,利用统计或计算机语言来运作。以语料库为基础的研究一般包括词典编排、语言教学和传统语言学研究。

语料库本质上是自然语言的随机样本,它注重描述和实验,提供科学的语言使用方式,使用者可以在其中搜索实词。语料库包含的都是电子数据,包括书面材料和口语材料,这些数据都不是纸质形式。从科学的角度来看,语料库可以有如下定义:"语料库是一种语言或者多种语言的书面或者口语表达的集合。"语料库中的数据经过电子化处理,可存储在计算机中并被机器自动读取。语料库中的元素,即书面文本或者口语序列,由数据本身和描述数据的信息以及附属于数据的语言学标注信息组成(Thomas,Kai,2012)。

语料库通常由三部分信息组成,即原始数据、元数据和标注。原始数据是语料库收集的原始文本,包括书面文本和口头文本,没有任何附加信息。元数据是关于语料库文本的非语言信息。对语料库进行标注是进行语言文本研究的一个重要前提,语料库的标注有两种形式:手动标注和自动标注。研究人员可以对语料库进行手动标注，但手动标注费时且容易出错。利用计算机软件实现自动标注，不仅节省了时间，而且提高了标注的准确性。

二 语料库的发展脉络

语料库已发展百余年，传统的语料库都是靠手工进行语言材料的收集，这样的工作费时费力。但当计算机技术出现后，人们将语料库的语料收集交给计算机，提高了收集效率。随着使用语料库的经验越来越丰富，人们提出了一些初步结论，并形成了语料库语言学的学科。在语料库的整个发展过程中，根据时代特点，可以将语料库分为原始语料库阶段、现代语料库阶段和当代语料库阶段。

1. 原始语料库阶段

18世纪到20世纪初是原始语料库阶段，在这一阶段，语料库中的文本都是人工采集的，并且不做任何标注，常被用于词汇索引、词典编排、方言研究、语言教学研究和语法研究。原始语料库阶段的语料库的典型代表包括亚历山大（Alexander）的《圣经》和约翰逊（Johnson）的《英语词典》，这两部作品分别于1736年和1755年出版。不过，早期的语料库会存在一些问题，比如没有具体说明语言的正常结构和非正常结构的区别，以及大多数语料库不含使用频率最高的口语材料等。

2. 现代语料库阶段

20世纪50-80年代是现代语料库阶段，在这个阶段，语料库由手工收集文本向计算机储存文本过渡。不同于原始语料库阶段，本阶段开始对语法和语言进行标注，从而进行对比研究。其间的典型代表包括伦道夫·夸克（Randolph Quirk）的"英语用法调查"语料库（the Survey of English Usage）、布朗语料库（the Brown Corpus）和兰卡斯特-奥斯陆-卑尔根语料库（Lancaster-Oslo-Bergen Corpus）等。

3. 当代语料库阶段

从20世纪90年代至今是当代语料库阶段，本阶段的语料库类型比之前更为丰富，开始了更大规模的应用，除了应用于语言研究、对比研究、翻译研究、教学研究、词典编排，还应用于机器翻译和软件开发等工作。此阶段语料库的典型代表是柯林斯－伯明翰大学国际语言数据库（Collins Birminham University International Language Database，COBUILD）、朗文语料库（Longman Corpus）、英国国家语料库（British National Corpus）和国际英语语料库（International Corpus of English）等。

三 语料库的类型

语料库的分类方法有多种，本文介绍三种常见的分类方法。

1. 根据研究目的和用途分类

根据研究目的和用途，语料库可以分为异质型语料库、同质型语料库、系统型语料库和专用型语料库。

异质型语料库（Heterogeneous Corpus）不存在确定的语料采集规则，语料来源比较广泛且多样，典型代表为英国牛津大学计算中心的 OTA（Oxford Text Archive）文本档案库。

同质型语料库（Homogeneous Corpus）与异质型语料库恰好相反，它只收集特定内容的语料，典型代表有美国收集与军事相关的文本的托普斯特语料库（Topster Corpus）、新华社"新闻语料库"、北京大学计算语言学所与富士通公司合作开发的"日报语料库"、香港城市大学语言资讯中心的中文五地区共时语料库（Linguistic Variety in Chinese Communities）等。

系统型语料库（Systematic Corpus）是指在已经确定的语料采集原则下，按比例收集语料，这种语料库具有系统性和平衡性，典型代表有北京语言大学的"现代汉语语料库系统"、北京语言大学与香港理工大学合作的"现代汉语语料库"、北京语言大学与清华大学合作的"现代汉语语料库"、清华大学中文系的"清华TH语料库"、国家语言文字工作委员会语言文字应用研究所的"现代汉语语料库"等。

专用型语料库（Specialized Corpus）顾名思义只为某种特定的用途采集语料，典型代表有为儿童心理语言学而建立的国际儿童语料库（CHILDES）、为珍藏科学著作和资料而建立的北美人文科学语料库等。

2. 根据语料语种分类

根据语料语种，语料库可以分为单语种语料库、双语种语料库和多语种语料库。单语种语料库内的原创语言和翻译语言都比较单一，而双语种语料库和多语种语料库则更加丰富，包含语言的翻译、对比和平行语言的类比。这三类语料库的应用涉及多个方面，包括语言研究、对比研究、翻译研究、语言和翻译教学研究、单语和双语词典研编和机助、机器翻译与翻译软件开发等。

3. 根据语言传播媒介分类

按照语言传播媒介，语料库可以分为口语语料库（Spoken Corpus）和笔语语料库（Written Corpus）。口语语料库是语言音频文件和文字副本的数据库，可用于创建声学模型，也可用于语音学、会话分析、方言学等方面的研究。典型的口语语料库是伦敦-隆德英语口语语料库（London-Lund Corpus of Spoken English，以下简称"LLC"），它共包含100个文本，每个文本包含约5000词，并且对大量韵律特征和副语言特征进行了标注。相比于口语语料库，笔语语料库的内容更为丰富，但其建设却相对容易，在世界范围内应用比较广泛的笔语语料库有英国国家语料库、英语文库（Bank of English）和美国当代英语语料库（Corpus of Contemporary American English）。

分类标准除了研究目的和用途、语料语种和语言传播媒介，还有许多，比如语言产出者的身份和语料产生年代。按照语言产出者的身份来划分，语料库可分为本族语者语料库（Native Speakers' Corpus）和学习者语料库（Learner Corpus）；按照语料产生年代划分，可以分为共时语料库（Synchronic Corpus）和历时语料库（Diachronic Corpus）。

四　语料库的常见应用

1. 在典籍翻译中的应用

随着时代的不断发展，跨文化交际在世界范围内变得越来越普遍，不同语言之间的翻译水平对国家间的文化交流越来越重要，翻译学的重要程度也随之提高，语料库在发展翻译学的过程中发挥着很大的作用。基于中国悠久的历史、不断增长的文化自信和不断加强的文化底气，翻译工作不再局限于现代语言，还应用于文言文翻译中。中国典籍包含种类众多的专有名词，通常晦涩难懂，译者的工作量因此加大。在许多情况下，翻译人员只能创建他们自己认为合适的翻译，而这些翻译需要大量的实践来判断是否适用于大部分的场合，翻译工作会遇到许多不便之处，而此时语料库可以收集和储存大量的翻译语料，大幅度提升翻译工作的效率。以对《十竹斋笺谱》的书名进行英文翻译为例，土生土长的中国人都很难理解书名中"斋"和"笺谱"的意思，更不用提外国人理解这一书名的难度。中国的译者对《十竹斋笺谱》进行了全面的学习，了解了它的历史故事，通过英汉词典和网络，找到几种接近的译法，再经过仔细斟酌择其一而使用。与此同时，翻译人员会及时收藏译例，形成自己的小型语料库，以便后继者使用。

2. 在汉语教学中的应用

语料库在汉语教学中的应用能够提高汉语教学的水平和课堂教学、学习效率。

第一，单个词语的讲解更为清晰。语料库在明晰词性、理解词义、搭配词语、创设句子和语境、进行外语解释等方面发挥着巨大的作用。在小学语文教材中，如何找到最合适的外语词汇来解释汉语词汇，成为语文教师的一大难题。借助双语平行语料库，可以很好地解决这个问题。最初，双语平行语料库的研究对象主要集中于欧洲语言，20世纪90年代末才开始逐步拓展到汉语。经过多年发展，小型英汉/汉英平行专科语料库获得了显著的发展成效，例如，由香港公开大学学者王立勋创建的英汉、汉英双语平行语料库，由伯明翰大学语料库语言学中心的 P. 丹尼尔松（P. Danielsson）和 W. 图伯特（W. Tubert）领导建立的汉英平行语料库（Chinese-English Parallel Corpus），由香港理工大学的学者建立的英汉法的三语在线小型语料库，由肖忠华创建的 Babel 中英对应语料库等。这些语料库提供了大量丰富、直观、具体的例子，帮助教师在不同的情境下找到最合适的生词。

第二，弥补汉语教师语言知识的不足。随着事物的发展和人们认识的加深，原先一些语言学知识已经和现实情况不吻合了，语料库凭借其丰富性与及时性可以弥补汉语教师语言学理论的一些缺陷，教师能够让学生根据要求运用语料库自行对知识点进行学习。

第三，有助于教师和学生了解词语的文化差异。在汉语学习者的初级阶段，语料库能够帮助学习者理解词语的隐含意义，到了学习汉语的中高级阶段，文化教学占据重要的地位，了解文化背景对学习汉语十分重要。中外语料库中中外语义的异同，可以看出中外文化差异。比如，在 BCC（BLCU Corpus Center）语料库[①]和 BNC 语料库中，"桃花"一词的翻译就有所不同，这体现了中英在文化上存在差异。在 BCC 语料库中搜索"桃花"能够得到 32785 个句子，在 BNC 语料库中搜索"peach blossom"只能得到 5 个句子。我们通过检索发现，在中国"桃花"的使用频率远远超过英国。中国和英国的"桃花"有相似之处，比如都可以用来表现女孩的美丽，桃花的生长规律都可以用来表达不幸的事情。然而，中国的"桃花"有更多的含义，例如可以用来比喻事迹、爱情、完美的世界等。在对外汉语教学中，教师可以利用语料库适当增加"桃花"含义的教学，帮助学生正确使用"桃花"这一词语。

3. 在二语词汇习得中的应用

词汇习得也是第二语言学习的一个重要方面。在传统的第二语言词

[①] BCC 语料库是北京语言大学语言智能研究院设计开发的现代汉语语料库。

汇习得模式中，学习者在语言的运用和词语的搭配上经常会出现错误，不利于第二语言学习者提高词语运用能力和语言技能。语料库利用计算机技术处理和存储大量自然语言材料，对语言材料自动提取、索引和统计分析，降低词汇在使用过程中出现错误的频率。

　　语料库可以验证不确定的词语的用法避免使用错误。学习者在学习一个词语的时候往往会对其后是否使用介词、使用何种介词以及使用不同介词时分别表示什么意思而感到困惑。英汉词典对其中文意思进行讲解，但未对其在表示某一意思时单词后是否需要加某个介词给出说明，而语料库对词语的介词搭配就有十分详尽的解释，弥补了英汉词典在这方面的不足。

　　当学习者对一些词语，尤其是易混淆词的搭配了解较少时，会使用错误的词语搭配，混淆了意义。在一些常用的英汉词典中，对单词进行解释时没有明确说明词语搭配的意义是积极还是消极，由此会引起母语非英语国家的英语学习者在词语搭配上出现错误。

　　4. 在话语分析研究中的应用

　　语料库常应用于话语分析、记录和收集真实出现的语言资料。在语料库语言学中，话语概括了整个社群成员世界观中的共同特点，表现出社群成员对他们所属范围的认同。

　　语言可分为规定式语言和描写式语言。在18世纪的欧洲，通常使用规定式语言。当时欧洲许多著名的语言学家认为，语言的使用规则必须详细且科学。教师将语法知识传授给学生，学生进行强化记忆。描写式语言则能够有效地使用语言，并在使用过程中不断地检测和记录，根据记录进行改进，找到最合适的语言表达模式。比起规定式语言，描写式语言对语言学习者来说更为生动有趣。

　　语言学派别包括结构主义和功能主义两派。结构主义派认为语言是一种抽象的模式和系统；功能主义派认为语言最显著的性质是功能性，对人类有帮助。因为结构主义派认为语言是抽象的系统，所以这一派的语言学家经常通过研究语言之间的关系来挖掘其价值，定义关系的种类，并将关系的种类归纳为组合关系和聚合关系。组合关系是指同一序列中的一个单位和其他单位之间的关系，聚合关系是可在结构的特殊位置处相互替换的成分之间的关系。这两种关系对研究话语分析具有非常重要的作用，方便了学者进行更深入的研究。随着信息技术的不断提高，语言学家可以根据这两种关系更便利地进行检索和研究，提高了研究特定词汇与其他词汇关系的能力。

5. 在语音教学中的应用

从语言学理论的观点来看，语言最初是以口头表达为路径，以语音为形式出现的。从语言出现到现在，人类学习母语的过程主要在日常的听、说行为中完成，而事实上，人们在学习第二语言的时候，也应该把听和说放到重要位置上来。比如，部分英语学习者会出现"哑巴式英语"的情况，为了改变这一现象，教育界对各学习阶段的学生，在教材制作、教育模式到考试各方面都大幅增加了对听力的考查。

从语音教学的现状来看，我国主要存在三个问题。第一，语音教学发展存在地区发展不平衡的情况，东部语音教学比较先进，而中西部等偏远地区则较落后。第二，语音教材大多重理论、轻实践，学生不容易牢记语音知识。第三，当前语音教学的课堂模式常会因教师的不断纠正而使学生主动性降低。基于此，语音语料库是帮助英语听说教学的一大法宝，一方面可以丰富语音方面的知识，另一方面有助于教师和学生的互动，从而使学生第二外语的听说能力逐渐进步。

第二节 语料库的特点

语料库技术越发成熟，现阶段语料库的主要特点可以总结如下。

一 信息规模庞大

计算机技术利用大数据统计和智能分析处理规模庞大的信息。计算机技术极大地推动和支持了语料库的发展，它能够准确计数和计算，并迅速地分析庞大的数据。目前，计算机软件越来越先进，为语料库的设计、构建和使用提供了便利，解决了构建大容量语料库的问题，为需要大容量语料库的词汇研究和词典编纂做好了准备。计算机不仅可以完成某种语言现象的基本搜索、计算和分类工作，还可以提供语言现象的概率信息。这为自然语言的机器自动处理奠定了数学基础，为语言学研究提供了高度准确的测定信息，也有助于发展其他学科。计算机技术让语言学家取得大量的语言数据，帮助语言学家进行关于语言和语言运用的研究。计算机驱动的语料库语言学研究得出了很多有意义的科学推论，并更新、加强了语言描写和不同应用之间的纽带。机器翻译、文本语音合成、语篇分析和语言教学等都从中获益。

二　语料信息动态变化

在网络时代，语言意思更多样，变化速度更快，词汇信息的自动收集和智能化成为潮流。虽然人工采集的好处是准确性高，但是耗费的时间和人力成本也更高。互联网基本成为人们生活中不可缺少的一部分，同时成为各种新的语言现象从线上传播到线下的渠道。互联网上存在着数不胜数的语料，人工、手动搜集的难度越来越大，在这样的背景下，网络爬虫技术（一种通过请求网站来爬取数据的自动化程序）的优势开始显现，有了这样的技术，语料采集的困难程度降低，更加便于采集者获取自己想要的信息。

三　个性化趋势明显

大数据和人工智能的应用越来越普遍，语料库的个性化倾向越来越明显。语料库人工智能的体现之一是翻译存储器，翻译存储器可以自动将翻译后的词和句子保存在数据库中，在翻译者进行翻译的时候，翻译存储器软件可以从所累积的语言知识中自主地进行存储和加工，保存翻译单元，并将其添加到翻译存储器中以生成新的语言知识。在随后的翻译过程中，翻译存储器通过自动搜索存储单元来匹配当前需要翻译的句子，如果遇到与当前大小相同的存储单元，则进行翻译提取，供译者参考。反复的句子不仅能紧密匹配，减轻译者的负担，提高生产率，还能维持翻译的整体风格和词汇量，有助于控制翻译质量。

第三节　语料库在全球范围的发展

一　语料库在中国的发展

中国对语料库的研究已有 40 余年，语料库的研究领域、研究团队和研究方法不断丰富。第一，语料库的研究领域起初主要集中在语言学、文字学、语法学、哲学等人文科学，涉及的语种基本只有英语。后来语料库涉及的领域不断扩大，渐渐扩展到写作学、词典学、方言学、修辞学、经济学和管理学等，语种延伸到俄语、日语、法语、德语、西班牙语等。第二，从事语料库研究工作的人员越来越多，内部分工明确，且在原先团队的基础上渐渐吸引同时掌握语言和其他学科的人才。第三，最开始的研究主要立足于理论研究，后来慢慢开始向实证研究转变，并结合基于数据和数据驱动的综合的研究方法对实际问题进行研究。

1. 我国语料库先河

一开始，学者为了制定基础汉字的字表，建立语料库并以统计的方法来研究汉字的频率，这样的语料库是现代语料库的雏形。尽管这一类语料库由于时代的技术限制而不能应用到机器上来，但其打开了我国语料库研究的大门。典型代表是 1925 年教育学家陈鹤琴编写的《语体文应用字汇》（陈鹤琴，2014）。

2. 早期的机器可读语料库

直到 1979 年，中国才开始建设机器可读语料库，这一类语料库主要包括：武汉大学建立的汉语现代文学作品语料库（1979年）、北京航空航天大学建立的现代汉语语料库（1983年）、北京师范大学建立的中学语文教材语料库（1983年）和北京语言学院（今北京语言大学）建立的现代汉语词频统计语料库（1983年）。

3. 国家语委现代汉语语料库

国家语委从1993年开始建设现代汉语语料库，建设主体包括国家语言文字工作委员会和语言学界、计算机界的专家学者，其建立语料库的目标是对语言文字进行信息处理、制定语言文字的规范和标准、研究语言文字、语文教育和语言文字的社会应用（翁莉佳，2012）。该语料库由人文与社会科学、自然科学及综合学科三个大类，约40个小类组成。国家语委现代汉语语料库较中国之前建立的语料库来说规模更大、内容更广泛，且从技术层面来看，更能够保证语料的真实性与标准的准确性。国家语委现代汉语语料库具有国际视野，不仅考虑到国内的需要，还面向国外，在抽样的分布和比例上较为恰当，更加科学。

4. 大规模真实文本语料库

1992年以来，研究中文信息处理的高校和机构陆续建立了语料库，并将语料库应用于对中文信息处理的研究。建立大规模真实文本语料库的单位有：《人民日报》光盘数据库、北京大学计算语言学研究所、北京语言文化大学（今北京语言大学）、清华大学、山西大学、上海师范大学、北京邮电大学、香港城市理工学院（今香港城市大学）、东北大学、哈尔滨工业大学、中国科学院软件研究所、中国科学院自动化所、北京外国语大学日本学研究中心和台湾"中央研究院"语言学研究所（筹备处）。

二 语料库在其他国家的发展

1. 其他国家语料库的发展概述

《英语词典设计》（*Plan of an English Dictionary*）对英语的编写方法

有着深刻的影响，该书在 1747 年出版，确立了编写英语词典的典型方法。之后，全球范围内通用的《牛津英语词典》(*Oxford English Dictionary*)最后分册在 1928 年问世，这本词典引证了 400 万条词条，还专门出版了中古英语手稿。

语料库最早用于教学，它对英语作为第二外语或外语教学中的阅读做出了显著的贡献。在英语教学中，各国都提出了语料库的使用方法，例如，帕尔默（Palmer）提出日本人在进行外语学习时，利用语料库是一个很好的方法，从语料库选择语料，再将语料拓展到词语搭配；同期的欧洲和北美，也以语料库为基础，对词汇进行平行研究。语料库在教学中的运用，还拓展到母语为德语、法语等的使用者对英语的学习上。之后，语料库形成了方言库，美国方言调查主任 H. 库拉斯（H. Kurath）指导调查和编制美国和加拿大的方言分布地图，H. 奥顿（H. Orton）和 E. 迪思（E. Dieth）领导编制全英国不同地区的英语口语地图，录制的不同地区的英语语言被保存在 BBC 的档案中。

上述语料库语料的获得大多由语言学家手动收集，而计算机技术的进步促进了计算机语料库的发展。从未加分析与标注的早期计算机语料库到标注的二代计算机语料库，再到人们运用总结出的经验对开发语料库的软件工具进行研制，计算机技术为语料库的发展提供了无限可能。

2. 其他国家的语料库

母语非英语的语言学习者利用多种语料库来进行英语的学习和研究，比如 ICLE（The International Corpus of Learner English，学习者英语国际语料库）是母语非英语的学习者学习英语最重要的语料库之一，该语料库于 1990 年启动，语料是通过输入各国大三、大四的高级学习者的作文获得的，文本由 14 类不同母语背景的学习者撰写，从而形成了14 个子文本库。

对波兰的学习者来说，PELCRA（Polish and English Language Corpora for Research and Applications）是较常使用的语料库，该语料库于

1996~2005年创建并完成，由波兰罗兹大学（University of Lodz）英语系和英国兰卡斯特大学（Lancaster University）英语系合作，采集了波兰初级到高级英语学习者的各种语料，形成书面材料。PELCRA语料库中语料的来源是学生，这些学生在考试中撰写的文章会被上传到语料库中。此外，PELCRA中的部分语料依靠人工进行词性赋码，并且该语料库还会对词性赋码进行规则的制定。

第四节 前沿技术在语料库发展中的应用

语料库是一个对真实的语言样本进行采集而建成的具有一定容量的大型电子文本库。经过语料采集、语料预处理、数据库设计及存储、信息检索和呈现、信息深度挖掘和智能化推荐之后所形成的适当规模的语料库，能够反映和记录语言的实际使用情况，帮助人们分析并研究语言系统的规律。

一 语料采集

在专业领域进行自然语言处理技术应用时，通常采用监视方法和半监视方法，运用这些方法需要收集多个领域的词汇进行模型训练，需要有效且正确地收集专业领域的信息，从而构建完善的语料库，而这样的研究需求不能通过初期的人工收集的方法来满足。

语料采集是语料库建设的基础环节，语料采集的质量和数据种类的丰富程度直接影响最终的商业信息挖掘效果和智能化服务质量，为了减轻后续处理工作的负担，词汇信息源的选择尤为重要。语料库信息的智能商务挖掘使词汇源的选择更丰富，最终生成的语料库实现的功能就更多。

利用Python环境下的beautiful soup4库和专业数据采集器等工具，通过计算机自动化的大数据收集技术对保存在互联网的用HTML语言记述的大量在线词汇资源进行收集。语义关联度主题爬虫类语料采集系统可以将网络中相关领域的页面内容作为该领域的生词，并进行有效采集。

在语料采集的过程中，格式标记、脚本标签、广告信息等都会被检测到，因此需要创建适当的表达式对数据进行过滤。采集的数据在很多情况下具有规模大、格式多、更新维护频繁等特征，从而需要语料库使用分布式数据存储平台实时保存所采集的原始数据，同时为下一步语料预处理做准备。

二　语料预处理

语料库的建设本身就具有信息数字化、数据结构严谨、形式多变等特点，我们称直接采集的词汇信息为生语料，直接使用生语料进行分析不能满足语料库处理的需要，所以语料预处理过程是衔接语料采集和商业价值挖掘的重要环节，在语料库建设过程中尤为重要。高质量的语料预处理过程不仅可以满足语料库建设的基本需求，还能为后续的语料库信息挖掘打下坚实的基础。

与单语种语料库的建设相比，多语种语料库的预处理环节更加复杂，词汇信息的分析过程因语种差异而不同，特别是根据东西方语句组织的差异，停止语、专用语、语义标注等预处理过程有很大不同。多语种语料库可以针对不同的语种需要建立相应的预处理机制，在不同语种之间建立连接，在预处理不同语种词汇的同时提供与其他语种的连接。

目前典型的文本预处理工具有：ICTCLAS、jieba、SnowNLP、IK Analyzer、OpenNLP、THULAC、BosonNLP 和 HanLP 等。这些工具可通过计算机程序实现语料分词、语义标注等预处理步骤，半自动化处理文本。

三　数据库设计及存储

语料预处理后需要使用数据库技术进行关联与存储，数据表的设计直接决定后续信息挖掘的可行性。在数据表设计中，按语言设计独立的词汇表、停止词汇表、专用词汇表的同时，需要根据中文语料库确立词汇表的不同语言关联，从而实现后续的基于多语种的商务信息挖掘。在词汇数据的存储中，网络环境的分布式数据库是不可或缺的，可以选择 SQL Server、Oracle、Sybase 等传统的商业化数据库平台，也可以选择近年针对大规模的数据存储环境开发的 MySQL、MongoDB、OrientDB 等数据输出平台，另外，MongoDB 等新型数据库平台可以支持文档存储，在商业信息挖掘过程中对文档资源进行推送。在检索的同时得到专业化文档的支持，可以进一步提高商业信息挖掘的实际价值。

四 信息检索和呈现

交互操作直观、表达形式丰富的词汇信息检索和展示平台，对非专业的使用者来说非常重要。在实际使用场景中，交叉平台会产生对信息的不同需求，所以在展示平台的开发中需要充分考虑系统平台和硬件环境的差异。基于 HTML5 的响应性交互开发技术需要信息检索作为平台前端，模糊的词汇信息检索和推论规则的信息查询技术有助于使用者通过不同的关键字组合来发掘语料库中的商业价值。基于大数据分析的数据可视化表示技术可以利用多种可视化图形来表现语料库的检索结果信息。根据相关研究结果，人们对包含在图形上的信息的接受度比对文字信息的接受度高得多，可视化表示的末端是提高用户体验的重要环节。具备完全大数据的存储、检索、演示、分析等功能的多语言语料库具有很高的价值，比如，语料库可以通过申请多语种语料库的专利、语料库软件的著作权等形式保护最终成果，以数字版权的形式保护多语种语料库，实现数字贸易的变现。

五 语料信息深度挖掘和智能化推荐

语料库深度数据分析是实现语料库资源商业价值挖掘的重要环节。

特别是近年来，随着机器学习和技术的成熟与普及，语料库在数据分析领域的前瞻性应用变得格外重要。语料库本身是以数字形式存储的信息，除了语言学意义，语料库具有更复杂的作用。从大数据分析的观点来看，理解语言信息需要结合上下文，语料库在挖掘语言信息的价值含义和内在规律上具有十分重要的作用。文本情感分析使大数据语料资源的智能化信息挖掘推动了语料库技术的发展。因此，以多语种语料库为载体的信息深度挖掘技术在学术研究和社会经济发展中都具有巨大的商业价值，大数据分析技术实现的智能化引导和推荐技术，将进一步扩大语料库的价值空间。

第三章 典型语料库应用案例

语料库技术的成熟，使得基于语料库技术获得成功的应用越发具有代表性。无论是语料库技术的成熟运用，还是语料库技术在不同领域中的融合应用，都对推动语言学及相关领域的研究和发展起到了至关重要的作用，本章我们将在案例分析的基础上，选择不同视角和领域中语料库技术的典型应用进行详细介绍。

第一节 语料库在语言翻译领域的应用

一 语料库与计算机语言学

根据前两章可知，语料库指的是语言数据的存储。它的构成方式可以是书面文本，也可以是录音文本的转写。而语料库语言学主要研究语言学对语料使用的原理和实践，计算机语料库恰恰是可机读文本的重要组成。

计算机语言学诞生于20世纪50年代的美国，是人工智能研究的早期方向之一。当时，美国希望能够利用运算又快又准确的电脑，特别是利用计算机的翻译功能，将大量外语材料瞬间翻译成英语，美国此举的重点是翻译俄文写成的科学技术刊物，从而窥探苏联的科技发展。但这也产生了一个问题，就是机器翻译水平不够精确，无法立即生成符合人类语用习惯的语言。因为人类语言的自动处理能力远远比当初所设想的复杂,由此计算机语言学这个新领域诞生了,渐渐发展出能够智能处理语言资料的算法模型与软件平台。"计算机语言学"这个术语是由计算机语言学会与计算机语言学国际委员会的起始成员 D. G. 海斯(D. G. Hays)所创。在 20 世纪 60 年代,人工智能这一概念开始广泛出现在人们视野中,计算机语言学成为人工智能的一个重要分支,主要用来处理人类能够理解的自然语言的产出。

为了更好地展示语料库在传统语言学领域的应用,我们为大家列举了以下案例,以方便大家了解传统语料库的应用。

【案例一】 布朗语料库

20 世纪 50 年代是美国结构主义语言学的鼎盛时期。当时担任美国语言学会主席的 W. F. 特瓦德尔(W. F. Twaddell,1906 – 1982)认为,语料库对语言的研究具有潜在价值,于是他陆续将此观点介绍给另外两位学者 H. 库切拉(Henry Kučera,1925 – 2010)和 N. 弗兰西斯(Nelson Francis,1911 – 2002)。根据特瓦德尔的计划,库切拉和弗兰西斯于 1963 年开始建立布朗语料库,并于 1964 年完成了第一个电子语料库 Léon 2005 的建设工作,容量为 100 万个单词(梁茂成,2012)。在欧洲计算机语料库的建设和语料库语言学的发展中,布朗语料库起着重要的领导和催化作用。特别是其语料库抽样方法为构建一系列欧洲语料库提供了重要的参考资料(Geoffrey,Stig,2009)。

布朗语料库建立后的几年,语料库语言学在美国的研究一直处于比较沉寂的状态。直到 20 世纪 80 年代,以 D. 比弗(Douglas Biber)为代表的一些语言学家将计算机技术和数理统计方法应用到语言学分析领域,使用 MD / MF 分析方法[①]并使用语料库来进行寄存器变异分析,这

---

① MD/MF 中的 MD 指的是 Multi – Dimensional(多维度),MF 指的是 Multi – Feature(多特征),MD/MF 分析方法利用建立语言特征的统计模型,实现对语料库中典型词汇和句法的自动化分析。

对后续国际语料库语言学领域的研究产生了重大影响（雷秀云、杨惠中，2001）。北亚利桑那大学、密歇根大学等院校都建立了语料库语言团队，并且密歇根大学的英语语言学院还创建了两个重要的语料库，分别是 MICASE（Michigan Corpus of Spoken Academic English）和 MICUSP（The Michigan Corpus of Upper-Level Student Papers）。

二 语料库语言学受到的批判

乔姆斯基认为，语料库无法始终作为语言学家的有用工具，因为语言学家注重的是概括语法的能力，而不是简简单单的语言使用。此外，对一种语言的语法阐述，唯一的途径就是阐明它的规则，而不是随随便便地列举一些有关它的句子。乔姆斯基认为任何一种语言的句法规则都是有限的，但即便语言本身是一个有限的构造，语料库在语言研究上的应用，仍不一定是最好的方法。例如，在我们给出的如下例子中，如何将不符合语法规则的句子从那些没有出现过的语句中区分出来？假设我们有限的语料库不包含句子 a，那么我们该怎样得出结论，认为其是不符合语法规则的呢？句子 b、c、d 分别又为什么是符合语法的呢？

a. She shines Bony pens.

b. She gives Bony pens.

c. She lends Bony pens.

d. She owes Bony pens.

除乔姆斯基所言，语料库语言学的实用性还有许多问题。例如，我们无法想象不用任何工具而光靠眼睛去搜索具有 100000 个词语的语料库，包括上述提到的布朗语料库，转换生成语法的兴起使得语料库在美国本土并未产生太大影响（David，1963）。由于语料库语言学与转换生成语法都认同理性主义，与注重"语言能力"、排斥"语言行为"的思想背道而驰，因此语料库语言学和转换生成语法很难得到大众的认可。Geoffrey 与 Stig 曾描述过布朗语料库建设者在语料库建设过程中，遇到来自转换生成语法的质疑，他们认为从某种意义上来说布朗语料库就是"一种时间的浪费"（Geoffrey，Stig，2009）。

三　语料库在语言翻译中的应用

尽管受到了批判并面临重重困难，但基于语料库的工作并没有就此终止。夸克在 1961 年计划并实现了他雄心勃勃的建设——"英语用法调查"。1975 年，J. 斯瓦尔特维克（J. Svartvik）在 SEU 和布朗语料库的基础上，开始建构 LLC。在计算机逐渐开始成为语料库语言学的支柱之后，斯瓦尔特维克就用计算机操作 SEU，结果产生了一些"（语料库）直到今天对研究口头英语而言仍是一种前所未有的资源"的成果。

【案例二】兰卡斯特大学的语料库语言学研究

最初兰卡斯特大学建立了一系列语料库，1991 年，该语料库在牛津大学出版社、朗文出版社、大英国家图书馆和英国科学院的支持下推出，并被命名为英国国家语料库（BNC），容量达到了 1 亿个单词（包括口语和书面英语）。值得一提的是，该项目由里奇等人领导负责。1994 年建立语料库后，他们对整个语料库进行了标记。现在，BNC 成为语言研究领域中最被常用、最被器重的大型语料库之一。

在自然语言处理方面，自动标记技术取得了显著成绩。经过多年的努力，兰卡斯特大学的语料库团队开发了 CLAWS 系统（the Constituent Likelihood Automatic Word-tagging System，成分似然性自动词性标注系统）作为参与式标记器、语法解析器、USAS（UCREL Semantic Analysis System，UCREL 语义分析系统）语义标记器、韵律标注系统和指代关系标注系统等多个语料库的标注系统。在语言研究方面，他们积极扩展研究学科，并使用语料库涵盖各种学科，如理论语言学、话语分析、词汇、文学理论、语言教育、语言测试、社会语言学等，实现了大范围的跨学科研究。

此外，共现索引的出现使计算机有能力搜索一个特定的词、短语或是语篇里一个特定的言语环境，还能计算出一个词出现的频率，从而得出相关词频结果。共现索引成为语料库语言学中检查语料库的常用工具，可以用来研究语篇、分析词频等，对出版工作极为有用。语篇编码和注解的出现使检索和分析语料库里的语言信息变得更快、更容易。

四　国内外研究的典型语料库

随着数字信息技术的快速发展，国内外研究学者对语料库的研究越发重视，越来越多基于传统语言学的语料库应运而生。

【案例三】CCL 语料库

CCL 语料库，全称是北京大学现代汉语语料库，它由北京大学中国语言学研究中心（Center for Chinese Linguistics PKU）开发，其间得到了北京大学计算机语言学研究所、中科院计算机技术研究所等单位的大力支持和鼎力协助。

CCL 语料库及其检索系统，是纯学术非营利性质的语料库，中文文本并未经过分词处理，检索系统主要以汉字为基本单位。CCL 语料库总字符数为 783463175，其中现代汉语语料库的总字符数为 581794456，古代汉语的字符数则是 201668719。语料库所包含的语料可追溯至公元前 11 世纪，此外所涉及的文献种类颇丰。

该语料库主要应用于对现代汉语中的语言现象进行分析、与国外语料库做对比研究等。使用者应自行核对语料的准确性，然后再根据语料进行研究。CCL 语料库有部分口语语料（主要是北京话），同时包含网络语料、书面语语料和部分影视作品的语料。其中，报纸语料占了很大比重。CCL 语料库最近的一次更新，增加了许多学术论文的语料；此外，CCL 语料库还包含古代汉语和中英双语语料库，而双语语料库暂时只对校内用户开放。

【案例四】BCC 语料库

BCC 语料库，由北京语言大学语言智能研究院开发，该语料库是以汉语为主、兼有英语和法语的在线语料库，也是服务语言本体研究和语言应用研究的在线大数据系统。BCC 语料库总规模达到数百亿字，是服务于语言本体研究和语言应用研究的超大型在线数据库平台（荀恩东等，2016）。BCC 语料库中包含多领域语料资源，是能够全面反映当今社会生活语言的大规模语料库。此外，该语料库具有规模大、检索便捷等优点，已经支持百余篇有关语言研究类论文的发表。该语料库同样支持云服务，通过 API 的调用方式，为开展知识抽取、模型构建提供了很大的便利。

【案例五】HSK 动态作文语料库

HSK 动态作文语料库是母语非汉语的外国人参加高等汉语水平考试中的作文考试的答卷语料库，收集了 1992 年以来的部分外国考生的作文答卷。该语料库 1.0 版收入了语料 10740 篇，约 400 万字，于 2006 年 12 月上线。2008 年 7 月，经修改补充后，语料库 1.1 版语料总数达 11569 篇，共计 424 万字。

由于 1.1 版语料库系统是十余年前开发的，技术比较落后，难以确保语料库的正常运转。因此，为了更好地服务于国内外的教师、科研人员、汉语学习者，北京语言大学语言资源高精尖创新中心于 2019 年接受语料库管理团队的申请，决定资助 HSK 动态作文语料库 2.0 版的开发建设。

新版语料库保留了原版的全部语料，其检索方式除了"一般检索"，还增加了"特定条件检索"。数据统计增加了可视化图形设计，除了检索浏览，使用者还可以修改自己发现的语料录入错误和标注错误。

【案例六】 俄语通用网络语料库

网络语料库是大数据时代大数据概念和语料库研究相融合的产物，俄语语料库一直以来都是大部分学者研究俄语的标准配置，但是该语料库中当代俄语的现时数据占比较少，不能满足现代俄语的语言共时研究，而基于拥有海量语言数据的互联网建成的网络语料库在一定程度上丰富了研究者的语料选择，但是这些网络语料库存在不同程度的缺陷，极少有专门面向现代俄语语言研究和特定俄语适用人群的大规模语料库，在这种背景下，GICR（General Internet Corpus of Russian，俄语通用网络语料库）应运而生（原伟，2018）。

GICR是一个新型网络文本语料库，专门用于当代俄语语言学研究，为当代俄语语言学研究提供可靠的数据支撑和技术工具，该语料库的最终目标为1000亿词。在2016年，其规模已超过200亿词，远超俄语国家语料库的50亿词。该语料库从俄文网站上自动采集语料，语料来源广泛，包括博客、论坛和网络杂志等，并进行垃圾信息的清理工作，清理广告、网页辅助信息、邮件和自动生成的文本等，同时进行重复文本的删除工作，减少语料入库时的工作量。

GICR借助Nutch[①]从网页中抽取文本正文，同时也抽取文本的元信息，包括文本作者的用户名（网名）、年龄、性别、出生地、受教育程度、常住地等，获取这些元信息的作用在于高效地获取文本创作者或文本使用者的相关信息，如其注册信息、职业、兴趣、消息发布数量、评论数量等，将用户及其语料紧密关联起来，这对分析特定人群的语言使用情况十分有帮助，能更好地服务于社会语言学研究。

由此可见，语料库对语言学习十分重要。对于言语研究，当语料库中的语料足够广泛并具有代表性时，我们就可以对口头语言进行概括；

---

① Nutch是一个构建于Java平台的开源网页数据采集及搜索引擎构建项目，该项目主要由网页爬虫（Crawler）和搜索器（Searcher）两部分组成。

对于词汇研究，语言学家通过使用语料库能在几秒钟内从一个有几百万词语的语篇里抽取一个词或短语的所有实例。字典的编撰和校订效率将会大大提高，比以前快得多，语言的最新信息可以得到及时体现。由于大量自然真实的例子得到了检验，定义将更加完整和精确。

在语义学方面，通过考察语言实体的环境，就可得到某一特定语义的客观实证性标示。例如，在社会语言学领域里，可分析同一语言在不同国家或不同地区的使用情况差异；在心理语言学领域里，抽样语料库可为心理学家提供很多具体、可靠的有关频率的信息，包括歧义词意义及其词性的频率。此外，语料数据可以用于检验自然会话中的言语错误的情况。语料的第三个用处在于对语言病理学的分析。在此，为了假设和测试人类语言处理系统在哪方面会出现问题，我们必须首先对异常数据做出准确的描述，而计算机的介入则会使分析快捷方便许多，达到相辅相成的效果。

语料库的作用是十分广泛的，除了本节介绍的对传统语言学习的帮助，最直观的作用还有教育方面的便利性。随着现代社会的发展、电子信息工程的进步、人们享受优质服务的期待等，语料库也在对外传播、商业服务等领域中发挥着作用，这些都会在以下内容中详细叙述。

第二节　语料库在教育教学领域的应用

语料库以网络为基础，遵循一定语言学规律，通过随性抽样收集自然出现的连续性语言文本和话语片段，目前被广泛运用于教育教学领域中。

根据研究目的和用途可将语料库分为四种类型：异质型，即没有特定的收集原则，广泛储存着各种形式的语料；同质型，顾名思义与异质型相对，即为同一类型的语料；系统型，即在明确的语料收集原则下，保证收集到的语料具有一定的整体性和系统性，使之能够代表一类语言事实；专用型，用来收集某类具有专门用途的语料。

在语言学发展过程中，构建语料库是一项令人瞩目的成果，它不仅能够为广大学生提供大量自然真实的语料数据，而且有利于学生自主学习的开展，降低其对教师教学的依赖程度。

一　语料库和教育教学相结合的优点

1. 真实科学性

语料库里的语料来源于现实时空中人类的语言，因此这些语料都具有真实性和时效性，能够反映出客观真实的语言使用规律。除此之外，语料库的研究在定性的基础上还需要不断地进行定量验证，需要利用不同的检索软件反复地检查验证、比较分析，因此检索出来的结果是真实科学的。

2. 自主开放性

如上文所述，语料库是以网络为基础的，电子语料库可供所有使用者任意无限制地重复检索，这决定了基于语料库的教和学（Corpus-based teaching and learning）具有自主开放性。利用语料库的教学方式能带动学习者不断地带着问题到语料库寻找答案，促进学生养成数据驱动学习方式（Data-driven learning）。同时，教师和学生在实际使用中所发现的问题会反过来进一步促进相关教育教学的理论、内容和方法的更新或改革，不断完善教学活动。

二　语料库在外语教学上的应用方式

第一，语料库的核心用途是梳理和描述语言的基本使用规律，从而找出语言成分（字、词、句、篇等）的基本形态、基本搭配以及使用范围和方法等。这些规律既要彰显语言成分间存在的共性，也要显示特定成分的个性。

第二，语料库的另一用途是了解和整理不同学习者在学习同一语言时所产生的语言现状,尤其是学习者在学习过程中形成的中介语(Inter-language)或面临的问题及惯性错误等。了解并整理这些现象将有助于教师开展针对性、个性化的教学。

第三,建成的语料库还可以进行后续开发,成为教学的资源。后续开发出的资源,既可作为教师教学的素材,如进行真实语料的导读、基于数据库的词汇或语法教学,也可作为学生自学的材料,如进行数据驱动的学习。

三 语料库在教育教学中的典型应用案例

【案例一】 新加坡教育专用语料库的建设与应用

为了让语料库更加紧密地与华文(中文)教学配合,新加坡华文教研中心2011年便致力于华文教育专用语料库的开发和建设。

新加坡华文教研中心在新加坡教育部资助下,建设了两个专门用于教育的语料库,分别是"新加坡学生日常华文书面语语料库"和"新加坡小学生日常华语口语语料库"。前者旨在找出学生需要学习的日常词汇和句型,后者则是探索不同年龄层学生所基本掌握的词汇与句型。这两个语料库的建设分为3个阶段:语料采集、语料处理和语料分析。

在语料采集之前,两个语料库的项目组都进行了以学生为研究对象的问卷调查。书面语语料库的学生调查主要针对的是学生接触语料的范围和频率,以此来界定采集语料的方向,之后再开始进行语料的收集。而口语语料库的学生调查主要针对的是学生的家庭语言背景以及不同年龄层学生的爱好和兴趣,以便设计访谈的话题和课堂活动。在语料处理阶段,书面语语料库用"灵玖数据挖掘&语义分析智能开发平台"(Lingioin Text Min-ing & Semantic Parser Development Platform,以下简称"灵玖语料处理平台")对语料分别进行分词标注和词性标注,并采用新加坡华文教研中心语料库项目组自行开发的句型标注系统，对句子的类型进行人工标注。口语语料库的语料处理过程与书面语语料库类似，但在这之前多了一个转写环节，也就是说所有收集到的录音，都得转写成文字才能入库进行语料处理。在语料分析阶段，项目组对两个语料库字、词、句的分布情况进行了统计和分析，并总结出了相应的字表、词表和句型表。结合这两个语料库所提供的语言数据，课程开发者能定位课程所对应的词语和句型范围，以及不同年龄层与不同家庭背景学生所应达到的基本语言水平（吴福焕等，2016）。

　　在建设上述两个语料库时，语料的处理上都有一些共同的流程，简单来说，就是对收集来的语料进行处理、建库和加工。由于上述两个语料库的语料在来源和格式上有所不同，所以需要采取不同的处理方式，使用不同的应用软件和语料处理平台来进行一系列的预处理工作。在语料预处理过程中所使用到的软件包括：转写录音的专用工具Transcriber、用于处理文本的专业软件或文本整理器（PowerGREP、AntConc和UltraEdit等）以及由新加坡华文教研中心语料库项目组自行开发的语料校对与标注系统。图3-1显示的是语料库建设的具体流程。

　　为确保所采集的语料具有代表性，语料库课题组首先展开了学生阅读兴趣问卷调查，以了解学生在日常生活中会接触到的文本或媒介类型，以及这些文本或媒体的具体名称。这个调查涉及约1700名中小学生，覆盖各个年级与学校。在分析了学生的阅读兴趣后，课题组展开了语料的采集工作，所采集的范围相当广泛：在文本类型方面包括了学生报、故事书、教辅材料、歌词、剧本等，在内容和主题方面涵盖了学生专题报道、时事、体育、娱乐、旅游和休闲等。这些语料按学生接触的比例收集，力求文本类型与生活主题的平衡，尽可能涵盖不同书面媒体和主流文体中各种题材和领域的用词与句型。

　　口语语料库的建设工作，要比书面语语料库复杂。首先，该语料库

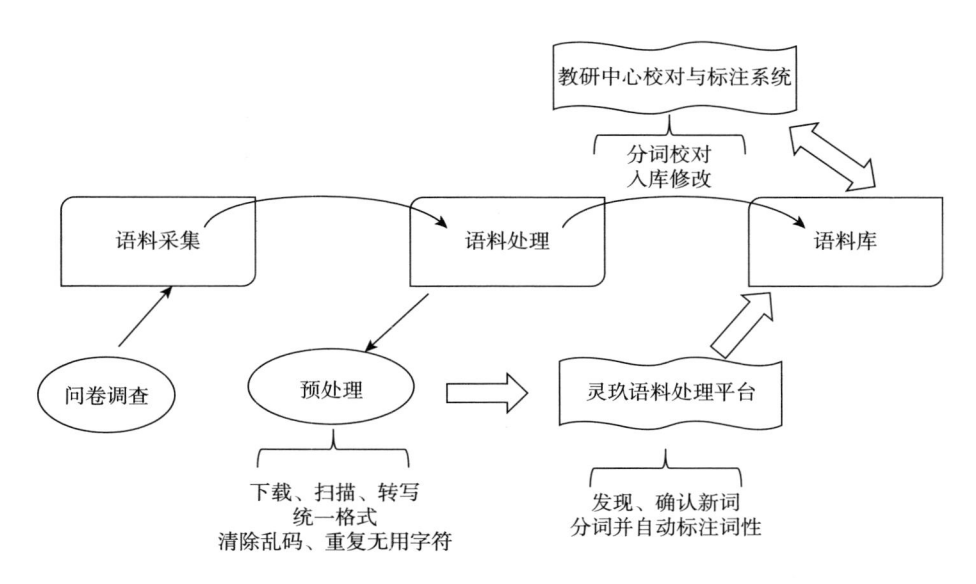

图 3-1 语料库建设流程
资料来源：笔者自制。

设定了三种数据收集的方法，以求全面了解新加坡小学生的口语情况。这三种数据收集方法分别是一对一访谈、课堂实录和家庭对话。一对一访谈主要通过研究人员引导学生说话的方法来采集语料。这种方法能直接有效地取得大量的口语语料，但它属于非自然的口语语料。课堂实录则是通过老师组织口语活动的方法，让学生在活动中自发地生成口语语料。这种方法能提供相对自然的语料，因为课堂上的互动原本就是学生真实使用口语的情景。家庭对话则是在家长的配合下，录制学生在家庭活动中生成的口语语料。这种数据最自然，因为学生是在一种自己熟悉的氛围下，随自身的需要来交谈的。

上述两个语料库的核心产出仅为课程编写者提供可参考的词表与句型表，这类产出对教学前线未必有直接的贡献，但新加坡教育专用语料库的建设对上文提到的语料库在外语教学上的应用方式的研究做出了卓越的贡献。

【案例二】 大学英语写作教学语料库的构建与应用

教师在前期引导学生结合自身需要进行语料库系统的构建与写作信息的记录，接下来，要重点从语料库的灵活使用方面对学生做出教育指导，以此提高其综合写作能力与技巧，提升其文章写作的质量。

首先，学生自主建立的语料库包含了在日常英语学习或试卷检测中出现的失误性、陌生性及重点性的语言知识点。学生可以通过互联网检索或者翻阅笔记本等不同的语料库检索形式有效记忆这些语言知识点，并将其灵活应用于写作中，优化句法结构，提升文章的专业性。

其次，学生的语料库资源涉及一些有关高级替换的词汇内容。学生可通过互联网检索获取，在文章写作过程中对某一连词、动词、形容词或副词进行同义替换，提高自身的英语实力。

最后，学生构建的语料库蕴含了一些写作技巧，包括从专业语料库中获取的专业人士的写作经验及一些固定的写作模板，或是有关信件、议论文与说明文等类型文章中常用到的表达句式内容等。对这些内容，学生可以在写作探究阶段或复习巩固阶段进行适当的检索，展开针对性学习，将其积极应用于写作探究中，优化文章结构，丰富文章内容，保障写作探究成效（耿维峰，2018）。

学生构建的个人语料库的内容可以分为两种类型。

一是完全记忆型语料内容。这种类型的语料库资源都是学生通过在日常英语学习或者课外阅读过程中的积累得到的，包括一些固有的语法知识内容及相关表达结构等。

二是参考型语料内容。这种语料内容积累来源较为专业，是学生从教师所提供的或者学校已经具备的系统化语料库中提取的重要语料内容。简而言之，就是一些专业教师或者教育工作者的写作经验总结。而学生只是将其合理筛选后积累在自己所建立的写作素材库中。

学生大多通过这两种方式来充实自己的语料库内容，建立属于自己的完善的语料库资源体系。同时，学生可以通过笔记本纸面记录或者互联网记录两种途径来建立自己的写作语料库。利用纸面记录形式，学生可记录一些自己在写作过程中出现的经常性失误，包括句法、词汇、表达的失误等。利用互联网记录形式，学生可以记录一些更为复杂且较为具体的写作信息。比如，学生将自己在长期实践积累过程中或其他语料库内容中提取到的有关高级词汇替换形式的写作资源整理并输入语料库，需要时就可在互联网语料库内搜索"高级词汇替换"这一关键词，系统会将这一内容完全展现出来。无论哪种形式的语料库构建，都应依据学生自身需要而定。

【案例三】 日语教育中可用的语料库

当前，在日语教育领域有两个公开的网络语料库可以用于数据驱动型学习，它们分别是 KOTONOHA 和 jpWaC。前者收录词语 4600 万个，后者收录词语 1300 万个，下面对这两个日语语料库分别进行介绍。

KOTONOHA 是日本国立国语研究所在网络上公开的语句索引，用户可以通过该研究所创建的"现代日语书面语平衡语料库"（the Balanced Corpus of Contemporary Written Japanese，以下简称"BCCWJ"）进行检索。BCCWJ 语料库由 1 亿余个词组成，包括书籍、杂志、报纸、商业报告、博客、论坛、法律文件等多种来源，并且能够反映出总体的特性（Oka et al., 2020）。截至 2010 年 3 月，可搜索的资源类型包括：普通书籍样本，共计 8821 部，约 2500 万个词；政府发行的白皮书样本，共计 1500 部，约 500 万个词；过去 30 年的国会会议录样本，共计 159 部，约 500 万个词；2005 年度版本的教科书样本，共计 412 部，约 100 万个词；"雅虎智慧袋"样本，共计 45725 条，约 500 万个词；"雅虎博客"样本，共计 24027 件，约 500 万个词。总计 6 类数据，收录词约 4600 万个。

图 3-2 是 KOTONOHA 引擎的搜索界面。检索时，可以使用复选框

功能，设定搜索的类型和时间。用户可以根据自己的需要，选择上述 BCCWJ 中所包含的资源类型。如果点击各类型前的"＋"按钮，会显示更详细的类型。以书籍为例，可以按 NDC 编号 0 至 9 以及无分类进行选择。同时，还可以限定出版的时间进行检索。

图 3－2　KOTONOHA 的搜索首页界面
资料来源：笔者自制。

检索的结果见图 3－3，第三列为搜索的关键词，关键词的上下文在两边，点击表头还可以使用正反排序功能，便于用户查看。当搜索结果超过 500 个时，KOTONOHA 会随机显示其中 500 个。

图 3-3　KOTONOHA 的搜索结果界面
资料来源：笔者自制。

jpWaC - L2 是从一款名为"Sketch Engine"① 的语料库检索工具所搭载的名为"jpWaC"的语料库中提取的数据（Erjavec et al.，2008）。jpWaC 从互联网上多达 5 万个页面中收集并整理了 4 亿个词，jpWaC - L2 则从这些数据中提取出了 1 亿个词。用户可以通过设定若干条件，从中搜索符合的例句。jpWaC 可限定的搜索条件有：每句话的长度在 25 字以下；不包含 20% 以上的符号和数字；不包含日语表述；以句号

---

① Sketch Engine 是一个在线语料库检索工具，使用者可以充分利用网站中提供的语料库资源，也可以根据需要创建自己的语料库，Sketch Engine 的访问网址是 https://www.sketchengine.eu/。

多语种语料库的应用价值研究

结尾；至少包含一个动词、形容词、形容动词或者助动词。在以上条件的基础上，该语料库约有1300万词的规模。

图3-4、图3-5分别是jpWaC的搜索首页界面和结果界面。在检索时，用户可通过下拉列表功能设定所使用的语料库的等级。等级设定

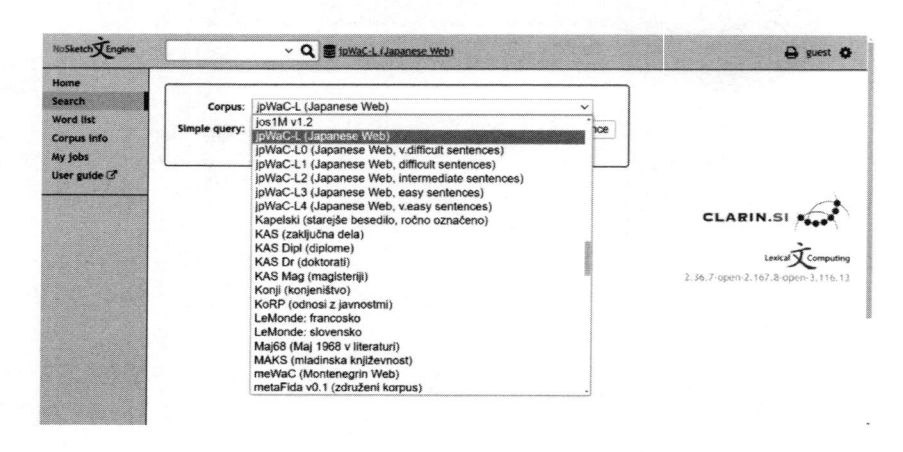

图3-4　jpWaC的搜索首页界面

资料来源：笔者自制。

图3-5　jpWaC的搜索结果界面

资料来源：笔者自制。

可以从旧日语能力考试的 Level 1（1 级）—Level 4（4 级），以及更高级别中选择。各等级的句子中不包含比该等级更高级别的词语，且同等级的词语至少要超过 10%。搜索结果与 KOTONOHA 类似，以索引形式显示，并且可以进行排序。不同之处在于，jpWaC 搜索结果的显示数量没有限制，还可以通过词汇的活用形进行检索。

第三节　语料库在对外传播领域的应用

下面的案例着眼于语料库在新闻报道话语中的应用、在医疗保健交流传播方面的促进作用，以及在文化旅游服务等对外传播领域中的应用。

一　新闻报道话语研究

【案例一】 语料库在涉华报道中的应用

新闻报道具有时效性、权威性、广泛性等特点，因此对于新闻报道话语的研究更加具有代表性。例如王雁（2020）在研究中以"一带一路"沿线主要国家（马来西亚、俄罗斯、印度、以色列、波兰等）中英文媒体的涉华报道为研究语料，自建起近 20 万字的中型语料库，包含 2018 年起主流媒体的涉华英文报道，涉及的媒体有俄通社、《印度时报》、《印度斯坦时报》、《海峡时报》、马通社、《耶路撒冷邮报》和波通社等。研究人员利用 WordSmith 7.0 语料库检索软件中的 Wordlist、Concordance、Keyword 三个主要部分，选取了布朗语料库作为参照语料库，对自行构建的语料库进行了全面的分析。对这些新闻文本语料进行深度挖掘的目的是分析并判断"一带一路"沿线国家在报道中的兴趣热点、对华态度以及政治倾向及意图，据此提出应对的策略和建议。

在具体的英文报道文本挖掘中，研究主要集中在高频词、关键词和索引行的分析上。在高频词研究方面利用 WordSmith 7.0 的 Wordlist 模块分析了词频排序在前3%的具备实际意义的词，其中又分为名词概念的高频词和非名词类的重要高频词。在名词概念的高频词中，涉及"经济与发展"概念的词汇和中国特色词汇（Xi Jinping、Belt&Road、Huawei、Shanghai、Yuan 等）引起关注，涉及领域集中于高科技、安全与防务、能源与基建等。非名词类的重要高频词主要指动词、形容词和介词（如 Said、Will、New 和 Against）等。同时，利用 WordSmith 7.0 的 Keyword 模块统计出重要性在前20位的主题词（关键词），这些主题词的一小部分与上文所提到的高频词（Xi Jinping、Huawei 等）重合，体现了这些词在语料库中的重要性，同时其他主题词虽然词频不高，但是却有很高的研究价值，可以分为三类：一是国家、区域概念的主题词（如 Asia、China、Russia、India、Us、Pakistan、Israel）；二是内容类概念类词（如 Sanction、Security、Cooperation、Trade、Economy、Tariff）；三是中国概念元素主题词（如 Belt & Road、Huawei、Shanghai）。索引行分析可以体现所查询主题词或关键词上下文的信息内容，有助于分析所涉媒体对该主题词所表达的态度或倾向。例如使用中国（包括 CHINA、CHINESE 或 CHINA'S）和 Belt&Road 作为分析词进行的索引行分析，可以展现沿线国家在新闻报道中的态度和倾向，分析后可以看出，无论是与中国还是与"一带一路"相关的索引行，都包含积极正面的词汇和担忧负面的词汇。

二 医疗保健传播语料库

一段时间以来，语言学家已经认识到编纂大型口语语料库，并将这些语料库进行计算机化分析，以辨别人类社会实践中广泛使用的语言模式的价值。将语料库语言学研究方法应用于医疗保健文本的分析是其中一种较新的研究方法。语料库作为一种分析工具和手段，其优点正在迅速被医学研究人员和专业人士所认识，最近已经有各种深入的语料库研究进入医疗保健话语领域。

出现这种延伸的主要原因是语料库语言学研究可以灵活地应用医疗保健领域的相关数据，帮助医务人员解决各种各样的问题。例如 Staples (2015) 对 IENs (Internationally Educated Nurses, 国际教育护士) 和 USNs (U. S. Nurses, 美国护士) 共 102 个护患互动语料库进行词汇语法特征分析，评估专业医疗人员（包括医生、护士、治疗师）与患者的关系，提供更多以患者为中心的互动模式。结合定量和定性分析，该研究确定了专业人士的语言特征，有助于非正式的、以人际为导向的专业医疗人员风格的转变。同样，Skelton 和 Whetstone (2012) 研究了全科医生是如何与病人互动的，具体来说，研究了他们如何提及病人和医疗专业，以及在会诊期间如何让病人和自己在决策过程中介入。诸如此类的语料库应用使人们能够识别反复出现的医学互动模式，从而为医学教育工作者提供了交流培训和发展的语言信息。

【案例二】语料库在医疗保健领域的应用

诺丁汉健康传播语料库（Nottingham Health Communication Corpus，以下简称"NHCC"）是由英国诺丁汉大学建立的专门用于医疗领域的语料库，该语料库由超过 500000 个转录单词构成，转录的医疗语境多种多样。同样地，NHCC 也是一个持续进行的跨学科语料库项目，涉及来自诺丁汉大学英语学院、社会和社会政策学院、护理学院和医学院的工作人员。虽然在以前的卫生保健传播研究中，确立了对医生－病人互动的关注，但 NHCC 寻求更加多样化的研究焦点，并考虑一系列的互动类型。因此，它由若干子集组成，其中包含各种参与者的相互作用，如护士、药剂师、国民保健服务体系的直接健康顾问、医院牧师和病人。因此，该语料库的独特之处在于，它包含了医疗保健领域的书面和口头交流模式，并涵盖了非医生人员的交流惯例。

NHCC 的一个特定的子部分是采集国民医疗服务体系（National

Health Service，以下简称"NHS")中通过 NHS Direct 建立的交流环境中的交互语料集合。NHS Direct 由电话通信线路组成，开通于 1988 年，公众可以通过电话向国民医疗服务体系的健康顾问或护士提出医疗问题。2002 年，诺丁汉大学的研究人员获得了英国国民保健服务机构"直接诺丁汉"的许可，可以通过这条线路记录患者与健康顾问的通话内容并用于分析。

在每次通话前，研究人员都被安排好要讨论的医疗问题提纲，提纲集中在询问用药建议，以此建立互动的一致性和可比性。NHS 的直接健康顾问和护士不知道他们的呼叫者是研究人员，电话是从中部地区的各种号码和地址打来的，以进一步隐藏研究人员的身份。调查总共收集了 61981 个单词的对话语料库，其被转录成适合分析的电子格式。为了便于进一步分析，将语料库分为医护人员对话（35014 个单词）和患者对话（26967 个单词）。尽管与许多语料库相比，其规模较小，但由于保健对话的特殊性，这些收集足以对语言数据进行初步的语料库语言学调查。

专家们利用语料库语言学方法和 WordSmith Tools 软件对收集到的 NHS 直接数据进行了初步调查。单词频率计数作为卫生专业人员国民保健服务分析用数据。然后，将这些词的频率与同样是诺丁汉大学建立的 CANCODE 语料库中的相同词进行"关键词"分析。CANCODE 是一个拥有 500 万单词的语料库，它的目标是成为英语口语的代表性样本，因此是一个比 NHS 直接电话的专门互动语料库更普遍的语料库。通过对比分析，研究者可以识别出 NHS Direct 语料库中出现频率明显高于或低于 CANCODE 语料库中的单词，即出现频率高于或低于预期的单词。尽管高度专业化的医学术语被排除在关键字列表之外，但这使得识别专业化的保健交互类型的语言模式成为可能（Svenja et al.，2007）。

上面的例子说明了如何使用语料库语言学技术来指导和帮助使用者对语料库进行更深入的定性分析。尽管受到语料库样本的限制以及存在一定程序的误差，我们仍旧可以从语料库语言学视角出发，对各种医疗保健干预活动的"语言特征"进行微妙的解释。这些信息不仅可以形成有关交互结构的意见，还可以进一步用于教育专业人员和患者，潜在地促成更好的信息交流和临床结果。人们希望对大量语言的系统研究可以阐明多种多样的医疗保健语言，并对医疗保健互动的意义产生更深刻的理解。语料库语言学的前景是，它将允许对各种医疗保健语言风格和互动进行详细分析，然后将其用于沟通培训项目。这种将医疗保健和语料库语言学创造性地结合起来的方法有可能为各种各样的医疗从业人员提供他们所需要的信息，加强行业内外的传播，从而在各种环境下对护理做出实质性的改进。

三　文化旅游服务话语研究

【案例三】　语料库在智慧旅游领域的应用

语料库在旅游行业同样有价值，特别是旅行过程中对话语音翻译的语音识别和自然语言处理。以设计并集成了语音语言的数据库——语音语言数据库（Speech Language DataBase，以下简称"SLDB"）为例，该数据库中设计并存储了用于旅行翻译的具备旅行表达语料库（Basic Travel Expression Corpus，以下简称"BTEC"），涵盖了旅游中的各种情景和表达。BTEC 和 SLDB 的设计是互补的，BTEC 是日语句子及其翻译的集合，SLDB 是双语口语对话的转录集合。BTEC 涵盖了广泛的旅游领域，而 SLDB 则主要涵盖了有限的领域，例如酒店中的对话情境。BTEC 包含大约 58.8 万条的话语风格的表达式，而 SLDB 包含大约 1.6 万条的话语。机器辅助对话（Machine Assisted Dialogue，以下简称"MAD"）是作为开放型语料库开发的，BTEC 和 SLDB 都可以用来处理 MAD 类型的任务。为分析语言现象和收集统计信息而开发的各种语料库可以通过电子媒体访问，并可用于自然语言处理的研究。然而，由于这些语料库包括书面语和单语种语料库，它们对多语种口语加工的研究和开发不一定有用。多语种口语语料库是研究口语交际领域，如语音对语音翻译的必要条件。

20世纪90年代，语音识别和合成研究从基于规则的方法转向以统计学、计算机科学等为基础的语料库方法，出现了大量具有划时代意义的应用模型，如隐马尔科夫模型（Hidden Markov Model，以下简称"HMM"）和N-gram[①]等。语音识别与文本识别在技术实现上并不相同，例如不同的讲话者和发音可能对语音识别很重要，不同的表达和语音部分的信息对自然语言处理则更加重要。

以SLDB语料库为例，其包含了口译辅助口语对话的语料库以及语料库的配置。具体的语料数据通过一位外国游客和一家酒店前台职员之间的旅行对话进行采集。SLDB的研究集中在日语和英语中，数据库中的所有对话都是通过口译用英语和日语进行的，口译员作为语音翻译系统。该数据库的一个显著特点是集成了语音和语言数据，每一段对话都包括录音、转录的话语和它们的通信。这类数据非常有用，因为它包含了不同母语使用者之间对话的转录。然而，收集口语的成本太高，使得这种数据采集模式无法大规模推广。

在设计和构建这种对话式语音交际语料库时，需要考虑三个要点。一是要有各种各样的语音样本，包括各种各样的音调、语调和说话风格。二是要有各种场景下的数据，并尽可能覆盖语料库应用的需要。这里的场景是指系统用户根据实际需要总结的有限数量的对话环境，如机场、酒店、餐馆、商店或旅行途中等；另外还涉及说话人的角色，如与中年陌生人交流，与穿牛仔裤的陌生人交流，与服务员交流，与酒店职

---

① N‐gram 是一种基于统计学的自然语言模型算法，它的基本思想是将句子中的文本按照存储的字节表示为大小为 N 的滑动窗口序列。N‐gram 模型最重要的一点是基于这样一个假设，即第 N 个词的出现只与前面 N‐1 个词相关，而与其他任何词都不相关，基于此形成的整句概率就是各个词出现概率的乘积，这些概率可以通过直接从语料中统计 N 个词同时出现的次数得到，同时这些概率是人工智能研究的重要基础。

员交流等。三是要有多种表达方式，包括正式与非正式的对话场景，以及不同的语言、语气等的表达过程。

第四节　语料库在商业服务领域的应用

商业服务领域中的一些研究同样需要语料库这一工具的辅助来进行话语分析。本节从不同领域选择多个案例来展示语料库在商业服务领域的应用。

一　企业社会责任的本土化研究

【案例一】语料库在企业社会责任分析领域的应用

在经济全球化背景下，许多国家的公司通过在别的国家建立跨国公司来充分利用当地的资源和市场，而中国作为最有发展潜力的市场之一，已经成为许多跨国公司的目的地。很多跨国公司的最高目标为本土化，即进入中国以来注重适应中国的国情，将企业的社会责任①作为战略发展核心。例如刘希妍（2016）借助语料库分析工具，针对韩国三星公司的企业社会责任报告进行关键词分析，实现从语料库视角对企业商业发展的观测。她借助语料库工具如 ICTCLAS 分词软件、Wordsmith 软件、BFSU Collocator 软件的辅助，对比三星在中国的社会责任报告与在美国的社会责任报告文本层面上的区别，从利益相关者（员工、顾客）的角度探究三星社会责任中国化的特征（见表 3 - 1、表 3 - 2）。

---

① 企业的社会责任是指企业在自愿的基础上，将对社会和环境的关注融入其商业运作以及与利益相关方的相互关系中。

表3-1 以"员工"和"employee"为关键词的分析结果

中国三星社会责任报告			美国三星社会责任报告		
	词频	MI		词频	MI
安全	32	14.166	Training	64	13.472
培训	24	13.292	Development	55	15.196
发展	20	12.473	Work	28	12.049
成长	17	14.237	Female	17	12.453

注：MI（Mutual information），中文称为互信息，表示某一词语在语料库中出现的频数所能提供的关于另一个词出现的概率信息，MI值越高则两个词语间的相关度越高。

资料来源：刘希妍，2016。

表3-2 以"顾客"和"customer"为关键词的分析结果

中国三星社会责任报告			美国三星社会责任报告		
	词频	MI		词频	MI
服务	16	14.608	Service	18	10.458
体验	8	13.055	Information	14	6.7576
满足	6	12.947	Protections	10	10.458
需求	5	11.606	Countries	8	8.998

资料来源：刘希妍，2016。

表3-1分别以"员工"和"employee"为关键词，以中国三星社会责任报告和美国三星社会责任报告为分析样本，统计得出相关高频词和MI值。"员工"这一关键词在中国三星社会责任报告中出现的频率远高于employee在美国三星社会责任报告中出现的频率，同时在表3-1中展现的高频词的MI值可以看出，中国三星社会责任报告体现出具有"中国特色"的企业文化，更加注重人情和亲和，中国三星更倾向于鼓励员工成为"企业的家人"，特别关注员工安全、培训和个人成长。而美国企业文化则更加强调员工的个人价值，这与美国三星社会责任报告中多处提及的"鼓励员工具有企业家精神"相符，另外美国三星社会责任报告中出现了"female"作为关键词，这与美国企业更加强调女性

意识不无关系。表 3-2 则以"顾客"或"customer"作为关键词进行统计并得出高频词和 MI 值。"顾客"这一利益相关者在中国三星社会责任报告中出现的频率同样高于美国三星社会责任报告。从表中 MI 值来看，中国三星更强调从服务的视角出发去关注顾客的相关利益，体现出一种以顾客为导向的企业文化，但顾客导向型企业有可能无法达成利益最大化，因为不可能所有的顾客都是理智的消费者。而另一方面，美国三星的企业文化同样把服务放在第一位，但同时强调"保护"的意识，既有对消费者的保护，也有对企业自身的保护。

通过选取适当的商业文本，并借助语料库工具进一步分析，实现了从语言文字的视角来发掘企业经营理念和社会责任中的潜在特征，特别是在国际化企业中，语料库作为一种分析工具，对于企业的本土化进程具有非常重要的作用与价值。

二 商业广告用语与品牌建设

【案例二】语料库在商业广告领域的应用

商业广告与品牌建设过程中，同样可以有语料库技术的参与。赵金宇和冯彦（2012）采用语料库技术，以 30 篇分别来自美国最具影响力的三本杂志《时代》、《纽约人》和《商业周刊》的文章为样本，选取 2007 年 11 月 1 日至 12 月 31 日刊登的商业广告，以情态理论为框架，通过标注情态资源并统计出现的频率，探究广告创作者如何通过具体的情态意义选择表达某种隐含的态度，达到与消费者建立关系并影响其消费行为的目的。

情态一词的中心概念是语篇人际功能，也是语篇人际功能的主要语义载体。情态系统分为情态和意态。情态是说话人对命题可能性的判断，包括概率和频率；意态是说话人对命题合意性的判断，包括义务和意愿。取向以及赋值是情态系统所表达的最明显的内容。情态意义具有主观性和客观性的特点,情态取向可细化为四种,一是显性主观情态,突出说话人主观的观点;二是显性客观情态,弱化说话人的观点,增添表达的客观确定性;三是隐性主观情态;四是隐性客观情态。赋值分为高值(must,certain,always 等)、中值(will,would,shall,should)和低值(can,could,may,might)。

通过分析和标注各种情态资源所属分类、取向及赋值,统计出其出现频率及所占百分比,得出以下结论。

1. *广告传递的信息避免绝对,留有余地*

广告的功能在于给消费者传递信息、树立产品的形象并促使消费者进行消费。但是广告商在宣传产品或服务时为避免招致消费者的质疑和反感会尽量避免绝对化和主观化,这也是为了减轻其对广告内容所承担的责任。

统计的结果证明了这一点。首先,显性主观和客观倾向的情态取向没有出现,这说明广告商通过避免明确情态的方式来降低对所述观点公开负责任的程度。其次,隐性主观情态的出现率高于隐性客观情态(比例为24∶6),这说明广告商通过广告表明了看法和态度但又避免过于强调个人观点。在劝说消费者和保持叙述内容客观性之间找到了平衡。最后,情态中的概率占比75%,使用表概率的情态的好处是既可以保留商品的美好形象,又不绝对排除别的更好的商品或服务存在的可能。

2. *广告语言起到争取信任和委婉劝说的作用*

广告的语言属于鼓动性的语言,广告商通过广告来劝说消费者立即购买这种产品或服务,从而促进销售量的增长。如果商家得不到消费者的信任,并且没能以大家普遍接受的方式表达诉求,就无法实现这一目的。

统计结果表明了商家是如何通过情态手段来达到争取信任和委婉劝说的目的的。第一,情态中的概率占比75%,增加了商业广告的可信度，避免由于过于绝对的表达而使消费者产生怀疑。第二，意态中表义务的仅占11%，这是因为广告商不能强迫或命令消费者购买其产品或服务，侵犯消费者自由选择的权利会招致反感；表意愿的占4%，由于消费者的选择是自主的，好的产品自然会受到消费者的青睐，所以商家尽量避免一厢情愿的表达方式。

3. 广告语言表示礼貌，拉近与消费者距离

从"顾客就是上帝"这句话可以看出消费者对商家的重要性，所以广告商在介绍自己产品或服务时总是尽量表示礼貌，减少威胁，与消费者拉近距离。

礼貌程度与情态赋值的高低密切相关，情态值越低，语气就越委婉，接收者对是否顺从说话人的意志就有更大的选择余地。统计结果显示，情态赋值中，中值和低值共占86%，中低值的情态选择避免了高值情态强加于人的印象，从而避免强硬的语气引起潜在消费者的不满。

广告领域运用语料库研究的方法，揭示了广告说服力与情态系统之间的关系，表明了情态的恰当使用可以使双方实现共赢的商业目的。而此案例为中国产品或服务的国际化道路带来启示，中国产品或服务应注重利用广告的人际功能来更好地宣传，树立品牌形象，使国外消费者接受并认可中国产品或服务。

与商业广告用语类似，品牌建设过程中语料库技术同样扮演重要的角色。例如在品牌创建过程中，使用者可以列出备选名称，尝试理解这些词在日常使用中的内涵和关联，甚至在特定的上下文中也是如此。词语通常并不是孤立存在的，它们具有从使用它们的上下文和共同语境中派生出来的多重含义和关联。因此，可以通过语料库识别技术，针对品牌建设过程中出现的词汇进行含义确定。

三 生物医学文本挖掘技术

生物医学研究是21世纪最受关注的研究领域之一，有关该领域的

研究论文发表量已达到年平均60万篇以上，对该领域的研究者来说，在数量如此巨大的研究文献中，能快速有效地获取相关知识是其所面临的一项挑战。生物医学文献挖掘（Biomedical Literature Mining）技术是一种新探索，它能够自动高效地分析、识别并获取相关知识。特别是随着机器学习和深度学习技术的成熟，自动化的生物医学命名识别、缩写词和同义词的识别、命名实体关系抽取等成为现实。传统的文本数据挖掘技术通常包括信息检索、信息过滤、信息抽取、数据挖掘等步骤。其中信息检索用于识别相关文本，信息过滤用于将无关数据清洗出去，以减轻后续分析工作的压力，信息抽取则用于识别实体、关系、事件等信息，数据挖掘则从结构化信息中识别出关联程度，生物医学文献挖掘的研究重点主要由对抽取信息和数据挖掘的研究组成。

【案例三】语料库在医学文本挖掘中的应用

机器学习方法是现代生物医学文献挖掘技术的主要研究方向之一，利用机器学习的方法需要将已标注的文本数据作为学习工具的训练语料，所以生物医学文献语料库的标注是相关研究开展的重要基础。目前国际上可以公开获取的生物医学文本挖掘的标注语料库的原始语料主要来自国际权威的生物医药文献数据库（以下简称"MEDLINE"），该数据库是生物医药领域最重要的数据资源库，被美国、欧洲及中国等医药研究机构列为必检数据库。生物医学领域的信息检索和文本挖掘研究主要集中在MEDLINE数据库的基础上（王浩畅、赵铁军，2008）。另外，康奈尔大学的Fei Wang教授团队提出了一种基于深度神经网络技术的生物医学文本分类的SOTA模型[①]（State-Of-The-Art model），传统的有监督机器学习模型需要进行大量的人工文本标注工作，而深度学习模型

[①] SOTA模型并不是指具体的哪一个模型，而是指在某一类研究中，所能达到最好或最高效果的模型，通常SOTA模型对应SOTA结果（State‑Of‑The‑Art result），即获得的最好的评估结果。

可以直接接收原始文本，并自动实现文本分类工作，未来深度学习方法将成为生物医学文献挖掘的重要研究方向（Zhao et al.，2021）。

从这些案例可以看出，与之前两个案例以大规模文本挖掘为前提建立语料库不同，生物医学领域的文本挖掘需要借助于已存在的语料库，且语料库质量直接影响到研究的效果。语料库和大规模文本挖掘不是单向的关系，而是相辅相成、相互促进的关系。

四　日本地方议会会议记录语料库

【案例四】语料库在政府会议记录查询中的应用

近年来，日本国会和地方议会的会议记录开始在网络上公开。由于会议记录记载了很长一个时间段内地方长官和议员们的会议讨论内容和数据，因此成为政治学、经济学、语言学、信息工程学等诸多领域的研究对象。为了方便众多学者和研究人员更好地使用地方议会会议记录的数据，以小樽商科大学①的木村泰知教授为代表的研究人员着手构建了地方议会会议记录的语料库。所谓地方议会会议记录语料库，就是网络上公开的全国的地方议会会议记录的整合，并可以通过"什么时候""哪次会议""哪位议员""发言内容"等条件进行搜索和筛选（木村泰知等，2012）。

1. 地方议会会议记录语料库的构建

1.1　会议记录的公开状况

研究人员以平成22年度（2010年度）全日本1727个自治体和东京都的23个区议会为对象，进行了关于地方议会会议记录的问卷调查。

---

① 小樽商科大学（日文平假名：おたるしょうかだいがく，英文：Otaru University of Commerce），坐落于日本北海道西南地区的小樽市，是日本国立大学中唯一一所社会科学类单科（商科）大学，该校设立的目的是依托小樽市独特的港口位置，重点发展国际贸易等相关科研方向。

63

调查结果显示，993个地方自治体中，有729个（73.4%）将会议记录公开在了网络上。因此，为确保能够收集尽可能多的会议记录，研究团队决定在网络已公开的会议记录的基础上构建地方议会会议记录的语料库。

1.2 格式

各自治体在网络上公开的会议记录形式不一，有PDF、静态网页以及在带有搜索功能的服务器端生成的网页等。为确保用户在使用这些会议记录时能够不受专业领域的制约，用尽可能少的条件（如哪个市町村、哪个年度、什么会议、哪次会议、第几天、什么人、什么发言内容等）找到需要的信息，研究团队在地方议会会议记录语料库中使用了如表3-3所列的格式，以求在各式各样的公开咨询中，实现对所需信息的快速访问。

表3-3 地方议会会议记录的格式

项目	注释	项目	注释
发言ID	自动采集	段落编号	发言的段落编号
市町村邮编	全国统一编码	职位	议员的职位
议会种类编号	自行编码	是不是议员	是则标记"1"，否则标记"0"
年	公历	发言者姓名	从会议记录中提取
回	召开次数	发言者表层	发言者与其职位无法区分时使用
月	召开月份	议员ID	议员列表中无对应者时标记"-1"
会议名称	例会、预算委员会等	来源	用来标记原文件的保存场所
号	会议第几天	发言	发言内容
日期	召开日期	其他	发言以外的内容
议题	包含会议名称的文字		

资料来源：木村泰知等，2012。

1.3 会议记录的收集和整理

在网上公开会议记录的地方自治体多是委托给系统开发企业，主要采用会议记录研究所、大和速记信息中心、FUTUREIN、神户综合速记这4家公司的会议记录搜索系统。根据研究团队的调查，确认有618个自治体（公开会议记录自治体的84.8%）使用了上述4家公司的会议记录搜索系统。

研究团队通过解析网页内的链接，从网页中生成供给CGI程序的参数，从而实现会议记录的自动收集，收集到的信息则按照表3-3的项目进行格式整理。

为了能够搜索到"哪位议员""说了什么"，需要对议员进行识别。会议记录中，一般用"职务名称（姓名+敬称）"的方式来统一标记，如"议长（山田太郎君）"。但是，像常任委员会之类的会议记录中，职位名称和姓名的划分有时候并不明确，此时就有必要判断是不是该议员本人。

另外，语料库的基本格式信息中还需要政党、派别的信息。地方议会会议记录中的发言内容一般按政党归类，但由于议员所属政党名称的变更以及新政党的诞生等，有些信息会产生误差，因此必须准确地掌握政党名称的变更时间或议员所属某个政党的期限，而不能简单地套用表3-3的格式。

2. 语料库的网络服务支持

2.1 信息搜索

会议记录的内容一般都是如实记录，并未经过概括和精简，因此数据容量都比较大。例如，政令指定城市和县政府所在市共51个市的会议记录，其数据库转存文件的大小就约为17GB。因此，为了让用户能够在不考虑数据大小的情况下使用语料库，研究团队决定用线上形式提供此项服务。

为了让用户能够便捷地从地方议会会议记录语料库中找到需要的信息，研究团队设计了信息搜索功能。图3-6为会议记录的信息搜索界面。在这个界面中，使用者可以将发言内容所包含的词语、发言人、目标市町村、目标会议记录及目标年度设定为搜索条件。在目标市町村条件中，可以选择是否限定政令指定市或地级市；在目标会议记录的条件中，可以输入例会、预算特别委员会、结算特别委员会等关键词，以缩小对象范围；在目标年度条件中，可以选择搜索对象的开始年度和结束年度。

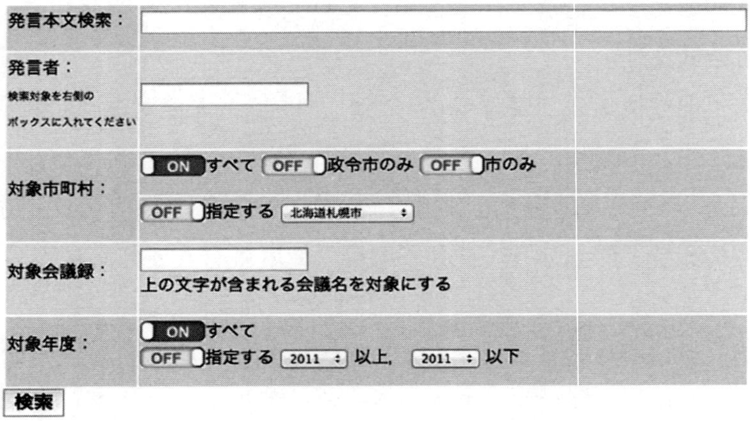

图 3-6 会议记录的搜索界面

资料来源：笔者自制。

2.2 交叉表搜索

分析会议记录时，不仅要分析包含所搜关键词的发言内容，也要通过关键词出现的次数来比较自治体和议员之间的不同。于是，研究团队分别从"议员和议会"以及"年度和市町村"两个角度，研发了可以统计关键词出现次数的交叉搜索功能。在"议员和议会"交叉搜索结果页面中，纵轴为议会名称，横轴为议员的姓名，表格中的数字为搜索关键词出现的次数。这种以议员为单位统计关键词次数的交叉表，可以帮助学者或研究人员快速地锁定与该关键词所涉及事项相关的议员。另外，"年度和市町村"交叉搜索结果页面中，横轴为年度，纵轴为市町村名，表格中的数字为搜索关键词出现的次数。这种以自治体为单位统计关键词次数的交叉表，可以帮助学者或研究人员快速地锁定正在致力于该关键词所涉及事项的自治体。图 3-7 和图 3-8 是以"除雪"为关键词，分别在"议员和议会"交叉搜索和"年度和市町村"交叉搜索中的搜索结果页面。

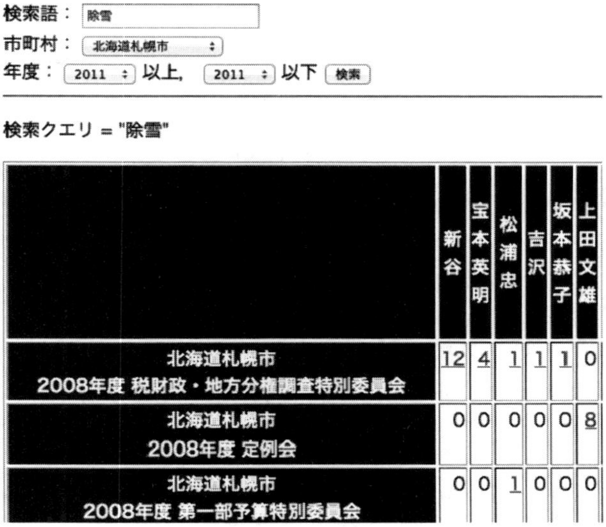

検索語：除雪
市町村：北海道札幌市
年度：2011 以上, 2011 以下 検索

検索クエリ = "除雪"

	新谷	宝本英明	松浦忠	吉沢	坂本恭子	上田文雄
北海道札幌市 2008年度 税財政・地方分権調査特別委員会	12	4	1	1	1	0
北海道札幌市 2008年度 定例会	0	0	0	0	0	8
北海道札幌市 2008年度 第一部予算特別委員会	0	0	1	0	0	0

图 3－7　“议员和议会”交叉搜索结果界面

资料来源：笔者自制。

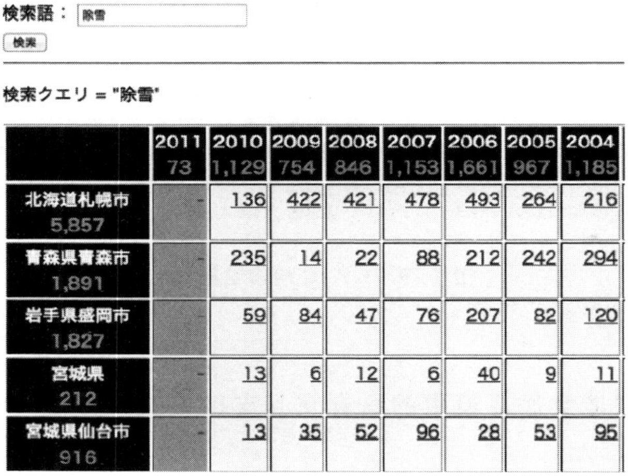

検索語：除雪
検索

検索クエリ = "除雪"

	2011 73	2010 1,129	2009 754	2008 846	2007 1,153	2006 1,661	2005 967	2004 1,185
北海道札幌市 5,857	-	136	422	421	478	493	264	216
青森県青森市 1,891	-	235	14	22	88	212	242	294
岩手県盛岡市 1,827	-	59	84	47	76	207	82	120
宮城県 212	-	13	6	12	6	40	9	11
宮城県仙台市 916	-	13	35	52	96	28	53	95

图 3－8　“年度和市町村”交叉搜索结果界面

资料来源：笔者自制。

2.3 KWIC

KWIC是"Key Word In Context"的缩写，是一种显示关键词前后文的方法。在地方议会会议记录中，关键词的前文中往往存在许多修饰，可以总结一些包含关键词在内的复合名词以及一些例外的表达方式，以便用户了解更为详细的内容。而后文中多为助词，可以了解关键词通常与哪些词语产生联系。图3-9是以"对策"为关键词的KWIC搜索结果页面。前文为"经济对策""校园霸凌""厌学对策"等对于"对策"的定性表述；后文则是"对策的强化""推进对策"等关于对策的处理方式。通过这种方式搜索关键词的前后文，可以帮助学者和研究人员有效地进行会议记录的分析（寺嶋弘道，2011）。

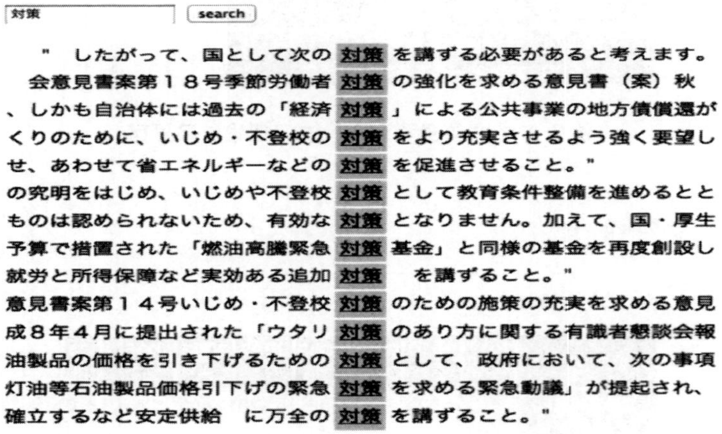

图3-9 KWIC搜索结果界面

资料来源：笔者自制。

五 智能家居环境中的语音交互支持

【案例五】语料库在基于口语理解系统的智能家居环境中的应用

标注数据的发展极大地促进了机器学习领域的进步，然而对于在现实环境中执行的新任务，如智能家居领域，基于标注的大数据集往往是不可用的。在这一领域，用于口语理解系统（Spoken Language Understanding）的基于标注的语音语料库非常稀缺，特别是非英语语言的资源更加有限。口语理解系统通常需要建立类似于流水线处理的自动语音识别（Automatic Speech Recognition）和自然语言理解（Natural Language Understanding）来执行。由于自动语音识别阶段出现的错误会降低自然语言理解的性能，所以另一种方法是提供端到端（End-to-End）的口语理解处理模式来合并执行自动语音识别和自然语言理解。为此，人工语料库被输入到一个文本到语音（Text To Speech）系统，以生成合成语音数据。所有模型都根据在真正的智能家居中获得的语音命令进行评估。已有的研究表明，人工数据可以与真实数据在同一训练集中结合，或作为一个独立的训练语料库使用，通过动态时间规整（Dynamic Time Warping）将合成的语音质量与真实数据进行比较来评估模型的效果。

这种集合了语音用户界面（Voice User Interface）的智能家居可以为老年人、残障人士等特殊群体提供居家援助服务，允许他们保持自主权，并通过远程互动环境提供紧急情况下的快速处理服务（Peetoom et al.，2015）。整个智能家居系统中包括多个模块，例如用于口语理解的 SLU 模块，它必须能够从语音命令及其命名实体中提取用户的意图。这些意图反映了说话者希望执行的操作或完成的任务，而实体和实体间的关系代表与给定任务相关的信息片段（Tur，2011）。完整的口语理解系统由自动语音识别和自然语言理解模块组成的信息处理管道组成，自然语言理解模块以自动语音识别模块处理完成的语音命令文字记录作为输入数据，以决策模块可以处理的形式提取其含义。与基于信息处理管道形成的口语理解系统不同，端到端的方法将自动语音识别和自然语言理解结合在一个模型中，这样做的好处是避免了自动语音识别和自然语言理解以管道模式运行时可能产生的错误累积（Ghannay et al.，2018）。

另外 Qian 等人的一项研究表明，如果有足够的语义注释数据，端到端口语理解系统并不一定需要自动语音识别作为初始步骤（Qian et al., 2021）。

口语理解系统倾向于强加严格的命令语法，规范化的命令语法可以有效提高语音识别的准确度，但是在智能环境交互下的老年人则更加倾向于背离强加的命令语法（Vacher et al., 2015）。这样的系统不够灵活，因此需要数据驱动的口语理解系统，而不是基于规则的口语理解系统。不幸的是，大型领域特定的数据集常常是不可用的，这一点对于英语以外的其他语言更加明显。至于法语，最接近的数据集要么是基于语音但没有语音命令（Fleury et al., 2013），要么是为其他任务设计的（Chahuara et al., 2016）。为了解决法语的数据短缺问题，研究中应用了自然语言生成（Natural Language Generation）来生成人工文本语料库，自动使用命名实体和意图类进行标记。这与使用文本到语音的 TTS 技术类似，基于合成语料库来生成人工语音数据（Lugosch et al., 2019）。两个数据集都被用于训练口语理解模型，并根据一个拥有多个扬声器的真正智能家居中获得的语音命令进行评估（Desot et al., 2019）。智能家居是未来数字环境和人工智能技术发展的重要方向，企业的积极投入使得该领域有越来越多的语料库存储下来，这些语料资源以及在此基础上实现的人工智能算法将成为企业未来最具有代表性的核心竞争力。

【案例六】 基于情景识别的语料库智能分析技术应用

智能家居环境的复杂，使得相关领域的研究不断寻求突破。单一维度利用语料库资源实现对文本或口语的自动解析已经无法满足智能家居环境更进一步的需要，因此科研人员不断地挑战更加智能、多元的语料资源识别技术。以 CHiME 挑战赛为例，该赛事设计的主要目的就是鼓励研究人员将数据处理和统计建模的最新研究成果应用于语音自动识别领域，促进语音自动识别能力的不断提升。CHiME 挑战赛自 2011 年推出，以英语语音素材为主，通过不断迭代而形成不同的版本，实现不同层次、不同难度和不同场景的语音自动识别挑战。Barker 等人即以 CHiME 数据集为基础，通过构建训练集和模拟多条件训练，多通道增强技术提升语音辨别的性能（Barker et al.，2017）。对于英语以外的其他语言，受限于语料资源，成功的案例较为有限。如 Brutti 等人设计了 DICIT（Distant-talking Interfaces for Control of Interactive TV）语料库，在一个由交互式控制电视的远程对话界面场景中，专门放置了干扰设备，由四名参与者进行语音录制，他们像一家人一样说着丰富的句子。在 DICIT 系统中，声源定位、多通道回声消除、盲源分离、语音活动检测、说话人识别与验证，以及波束形成等技术被整合在一起，最大限度地减少了远程通话带来的用户语音损失。DICIT 项目中一个非常重要的特征是使用英语、德语和意大利语三种语言分别进行语料记录（Brutti et al.，2010）。

而更进一步的语料资源识别，则有赖于情景感知技术的发展，特别是物联网（Internet Of Things）技术的成熟将语法的变异性和命令的不规范融入对自然语言理解系统的应用中，实现更加具有挑战性的任务。例如"打开百叶窗"这样一条命令，自然语言理解系统将根据情境感知技术识别到的用户所处位置和正在进行的活动，再判断用户真正要控制的具体百叶窗以及合理的操作。同样的意图必须从句法更复杂的话语中提取出来，比如"你能打开百叶窗吗"。类似地，例如在命令"拉起百叶窗一点"画面追加的命令"再多一点"，在实际的解释过程中就需要被推断为重复或继续前面动作的请求。传统的人工语料库和实验环境中，并不去考虑命令所处的语言情景，每个话语的意图都唯一且明确，但是在智能家居使用的实际场景中，语法和语言的可变性在语料库支持下可以满足现实需要，实现创新价值。

第四章　多语种语料库的建设及关键技术

20世纪60年代美国布朗语料库的建成和使用标志着现代意义上语料库的出现，尽管布朗语料库的规模有限，但是计算机可识别和可处理是其区别于传统语料库的重要特征。现代意义上的语料库建设，都是指基于计算机和数字技术实现的语料库。语料库的构建，特别是多语种语料库的建设是涉及多个学科和应用领域的重要挑战，从多语种语料库建设的框架规划，到语料资源的高效存储，再到语料信息的智能分析，不仅需要各层次间的紧密衔接，而且需要掌握跨领域的多项关键性技术。本章将对多语种语料库建设的实施框架和其中涉及的关键技术逐一进行介绍。

第一节　多语种语料库介绍

一　语料库的分类

在语言学中，语料库是一个大型的、结构化的文本集。目前，语料库通过电子存储和处理，广泛应用于统计分析、假设检验、检查事件或在一个特定的语言区域内验证出现的情况或语言规则。文本语料库可以根据内容、元数据、多媒体的存在或与其他语料库的关系分为各种类别。如果同一语料库满足更多类别的条件，则可以属于多个类别。目前主要应用的语料库类别包括以下 9 种。

1. 单语种语料库

包含单一语言文本数据的语料库称为单语种语料库，包含多种语言文本数据的语料库称为多语种语料库。为并行比较而专门格式化的多语种语料库称为对齐平行语料库，这种语料库在很大程度上依赖于统计机器翻译系统。单语种语料库是最常见的语料库类型，它仅包含一种语言的文本，语料库通常被标记为语音的一部分，并且被用于各种任务，如高度实用的任务（例如检查单词的正确用法或查找最自然的单词组合）和科学使用语言的模式或分析新趋势（例如识别频繁使用的单词）。

2. 平行语料库

平行语料库包含两个单语种语料库，一个语料库是另一个语料库的翻译。例如用于帮助翻译者提高翻译效率、翻译质量的计算机辅助翻译工具（Computer aided translation）就依赖于平行语料库的使用。在平行语料库中，两种语言间都需要对齐，即对应的段（通常是词语、句子或段落）需要匹配，用户可以搜索一种语言中单词或短语的所有示例，系统将另一种语言中的相应句子一起显示，用户可以观察搜索词或短语的翻译方式。

3. 多语种语料库

多语种语料库与平行语料库非常相似，这两个术语经常可以互换使用。多语种语料库包含多种语言的文本，这些文本都是相同文本的翻译，并且以平行语料库的方式对齐。例如，Sketch Engine 是一个在线语料库检索工具，用户可以选择两个以上对齐的语料，系统将同时显示所有语言的翻译，当仅选择两种语言时，多语种语料库表现为平行语料库，用户还可以决定使用一种语言来将其用作单语种语料库。

4. 可比语料库

可比语料库是一组两个或更多个单语种语料库，通常各自用不同的语言，根据相同的原理建造。因此这些语料库的内容是相似的，并且即使它们不是彼此的翻译（因此它们不对齐），也可以比较结果。例如，Sketch Engine 中可比语料库的示例是 CHILDES 语料库或 Wikipedia 制作的各种语料库，基于俄语语料资源建立的 Araneum 语料库也具有一定的可比性（Kutuzov，Kunilovskaya，2017）。

5. 学习者语料库

学习者语料库是一种由语言学习者产生的文本语料库，是通过收集语言学习者各种笔语和口语的自然语料而建立起来的一种语言学习数据库。语料库是用来研究学习者在学习外语时遇到的错误和问题的。例如，Sketch Engine 允许对学习者语料库中的错误类型进行注释，并提供一个特殊的界面来搜索错误本身、错误更正、错误类型或三个选项的组合。

6. 历时语料库

历时语料库是一个包含不同时期文本的语料库，用来从时间维度观察和研究语料资源的发展变化，这对于分析语言的社会性变迁具有非常重要的参考价值。例如，Sketch Engine 允许搜索作为一个整体的语料库或只包括选定的时间间隔。此外，还有一个专门的历时特征叫作趋势，它可以识别出在选定的时间段内用法变化最大的单词。

7. 专业语料库

专业语料库包含限定于一个或多个主题、领域等的文本，用于研究专业语言的使用。例如，用户可以从 Sketch Engine 中的通用语料库创建专门的子实体。

8. 多媒体语料库

多媒体语料库包含通过视听材料或其他类型的多媒体内容增强的文本。例如，Sketch Engine 中英国国家语料库的口语部分与相应的录音有链接，可以从草图引擎界面播放。

9. 原始语料库

原始语料库包含没有任何手工注释的纯文本，而标记语料库需要对收集的文本进行手工注释。人工标注任务主要包括分词、词性标注、句法标注、语义标注和语用/语篇标注。

二 多语种语料库的组成成分

文本文档在表示内容时具有不同的粒度。文本成分可以分为字词、短语、句子、段落（可选）、节（可选）、章（可选）、文档和集合等不同粒度。不同粒度的文本是多语种语料库的组成部分。图4-1显示了多语种语料库中各元素之间的层次关系，一个多语种语料库可以包含一个或多个收集的文件内的字词、短语、句子、段落、节和章。

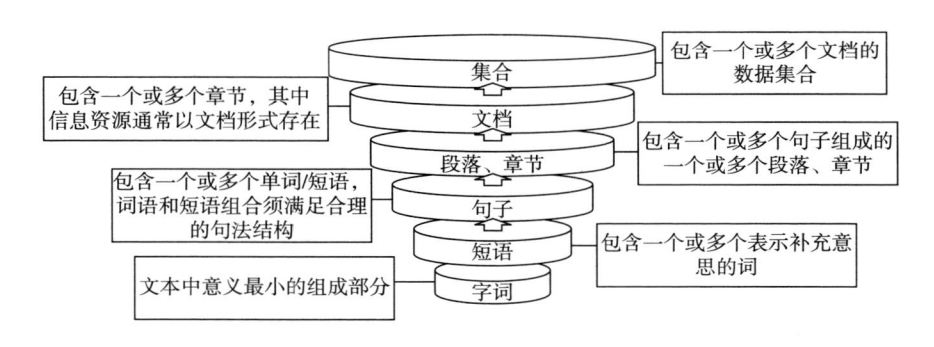

图4-1 多语种语料库的组成成分
资料来源：笔者自制。

三 多语种语料库的应用

按照语料的语种进行分类，语料库可以分成单语种语料库、双语种语料库和多语种语料库。单语种与双语种或多语种语料库之间的区别在于语料库本身所包含的语言数量。语料库中仅包含单一语言的语料库属于单语种语料库；语料库中包含两种语言的则称为双语种语料库（若两

75

种语言的文本互相是对方的译文,则该语料库属于双语平行语料库);三种及三种以上的为多语种语料库(若一个原文文本有多个版本的译文文本,亦可做成一对多语料库)。

语料库的应用主要涉及以下几个方面:语言研究、翻译研究、对比研究、语言及翻译教学研究、单/双语词典研编、机器翻译和翻译软件开发等。

从表4-1中可以看出,与翻译研究相关的语料库主要有翻译语料库和平行语料库,由于平行语料库的特点在于包含两个单语种语料库——原创语言文本和与之对应的翻译语言文本,故平行语料库是翻译研究的主要平台。语言研究和翻译研究一直以来都十分重视语言材料的收集,而基于大规模电子语料文本库的语言与翻译研究主要具有以下四个特点:大规模的真实语料、共时与历时的结合、定性研究与定量研究的结合、理论与实践的结合。这些特点构成了理论研究中的继承性和创造性。

表4-1 语料库的应用

语料库类型		语言研究	翻译研究	对比研究	语言及翻译教学研究	单/双语词典研编	机器翻译和翻译软件开发
单语种语料库	单一原创语言	√				√	
	单一翻译语言	√	√				
双语种语料库	翻译	√	√	√	√	√	√
	平行	√	√	√	√	√	√
	可比			√			
多语种语料库	翻译	√	√	√	√		
	平行	√	√	√	√	√	√
	可比			√	√		

资料来源:笔者自制。

第二节　多语种语料库的特征

一　语料库的一般特征

语料通常指在统计自然语言处理中实际上不可能观测到的大规模的语言实例，所以人们简单地用文本作为替代，并把文本中的上下文关系作为现实世界中语言的上下文关系的替代品。语料库是指海量真实语言文本的集合，这些文本资源通常经过标准化整理和数字化存储，且具有既定编码、标记与关联信息，通常我们认为语料库应具备如下三个特征。

第一，语料库中存放的是在语言的实际使用中真实出现过的语言材料。

第二，语料库以电子计算机为载体承载语言知识的基础资源，但并不等于语言知识。

第三，真实语料需要经过加工（标记、分析和处理），才能成为有用的资源。

二　基于词汇的特征

基于词汇的特征将文本表示为组成句子、段落和文档的一系列标记。标记可以是数字、字母或标点符号，这些标记可以用于获得如平均句子长度、平均单词长度等的统计数据。在没有特殊要求的情况下，这些特征可以用于了解任何语言的文本。在多语种语料库中主要识别以下11个词汇的特征。

1. 基于 characters 的平均句子长度
2. 基于 words 的平均句子长度
3. 平均句子长度

4. 每段的平均词汇数

5. 段落的数量

6. 句子的数量

7. 疑问句的百分比

8. 单词长度为 3 的比例

9. 单词长度为 4 的比例

10. words 的总数

11. 独特的 words 的总数

多语种语料库下基于词汇的特征的语料数量以及比例均远远超过单语种以及双语种语料库。

三 词法的特征

基于字符的特征将文本视为字符序列，基于字符的度量包括标点数、数字数、字符数、词性比例、语素自由度等。不同语言以及不同类型的文本都存在各自的特征，以语素自由度为例，汉语语素的自由度就要比英语语素的自由度高，这导致对中文文本的分析更加复杂。对文本中词法特征的识别有利于对文本进行更加精确的分析与深入的挖掘，因此对于词法特征的总结是进行语料分析必不可少的部分。

四 基于标注的真实语料

每个文档都由一组被称为文档词汇表的独特单词组成。词汇丰富度函数试图衡量给定文本中词汇的多样性，即词汇的丰富程度。多语种语料库包括运用计算机技术大规模收集多种文本语料的电子语料库，多语种语料库呈现超大规模趋势，并且为了更加便于检索做了大量的标注处理，因此其可以拥有超大规模的词汇以及实现较高词汇丰富度水平的语料库的构建。

以柯林斯－伯明翰大学国际语言数据库、朗文语料库、英国国家语料库以及国际英语语料库为代表的超级语料库（Mega-corpora），规模庞大，大都有上亿词的容量，且覆盖不同的真实场景和行业领域，语料库应用范围非常广泛。

五 语言类型丰富，适用范围更广

多语种语料库中蕴含的语料资源类型更加丰富，不同语言间的语料衔接更加复杂，构建过程中涉及的研究领域和研究方法更加复杂和丰富，实际的应用领域和范围更加广泛。多语种语料库的主要应用领域包括语言研究、对比研究、翻译研究、教学研究词典编纂、机器翻译、软件开发、智能商业应用等。

第三节 多语种语料库的构建框架

一 多语种语料库的构建

多语种语料库的构建需要依照一定的语言学原则进行，语料库构建的基础是收集真实场景下自然出现的连续语言运用文本或话语片段。具体的构建步骤包括：首先，确定语料库的规模、优先级、参考目录、领域、体裁、语体、语种、语言层次等方面；其次，根据语料库的要求挑选文本并进行语料加工，主要包括数据形式、编码体系、加工层次、加工方式等方面；最后，对语料进行应用。多语种语料库是双语种语料库构建的延伸，可以看作多个双语种语料库的集合，因此在多语种语料库设计上可以参考双语种语料库的建设思路。

在语料库的建设方法上，国外已有 30 年以上的研究历史，并成功研制了大量用于语料库构建与检索的工具，比如 Wordsmith、ParaConc、AntConc 等。国内语料库建设的研究亦开展了近 20 年，基本的研究范畴划分为词汇、语法、语篇、语用和文体等五个方面。计算机技术和大数据分析逐渐成为语料库建设的核心，因此语料库在建设过程中广泛融合了众多交叉学科的研究成果，如语言学、统计学、计算机科学等。计算机技术在语料库建设中的应用，满足了从大批量抽象化语料资源中快速准确提取和分析数据的需要，利用专业的语料库分析手段不但可以快速地把相关数据提取出来，还便于在大规模文本信息中进行有效数据的挖掘。

在进行多语种语料库的构建过程中，首先需要解决以下两个问题。

1. 语料资源的数字化问题

语料库建设的基础就是海量语料资源的数字化，早期语料资源的获取需要将传统纸质印刷品中的文本资源手动输入或利用 OCR[①] 技术转换成数字存储的形式，随着数字文档和互联网的普及，文本资源开始更多地通过数据库建设和自动爬虫技术实现海量语料资源的快速部署。

由于绝大部分语料资源都以文本形式存在，所以大部分语料库工具选择以 TXT 格式的文件存储基本的语料信息。TXT 格式本质上是纯文本格式的数据集合，这种格式没有与文本信息无关的数据，不进行数据的压缩和加密，存储的文本资源的冗余信息最少，数据处理和数据交换的门槛最低，因此这种格式被广泛用于语料库工具中。在 TXT 格式文本的使用上，需要特别注意的一点是其存储文本使用的编码方式不同，例如最常见的英文字符默认使用的是单字节存储的 ASCII 编码，而中文字符默认使用的则是双字节存储的 GB2312 编码，为了对不同的语言字符有更好的兼容性，特别是多语种语料库在文本字符的编码上需要面对更加复杂的字符集环境，语料库设计者通常会选择能够满足多语种字符编码需要的可变字节 UTF-8 编码，而 UTF-8 甚至 UTF-16 是多语种语料库处理文本数据时最常使用的字符编码方式。

---

① OCR（Optical Character Recognition），即光学字符识别。OCR 技术将承载印刷、手写、打字等的图像信息转换为可供机器编码识别的数字文本信息，OCR 技术在文字识别、自动排版等领域有广泛应用。

除了最为常见、兼容性也最好的 TXT 格式,由微软 Office 系列软件支持的 DOCX、XLSX 等格式也被部分语料库工具所支持,特别是 Excel 软件所使用的 XLSX 电子表格文档,可以以表格的形式方便地呈现多语种语料资源间的对应关系,因此在语料库处理过程中经常被使用。

另外,随着近些年信息处理技术的不断发展,智能化程度不断提高,特别是以 Python 为代表的新一代程序开发语言不断成熟,开始出现了大量语料处理工作交由更加灵活、强大的程序设计语言。与语料库工具相比,使用程序设计语言直接开发语料库处理程序,不仅提高语料资源数据的兼容性,而且不同平台、不同格式语料数据的协同处理能力大大提升。最新的程序设计语言所强调的大数据分析和人工智能技术将语料库分析技术带上了新的高度。相较于传统的语料库工具,直接开发的语料处理程序适用性更加广泛,处理速度和智能化程度更高,灵活定制的语料处理应用可以看作未来语料库技术发展的重要方向。

2. 语料资源的版权问题

语料资源的采集过程中,还会面临一个非常实际且重要的问题,就是语料来源的版权获取问题,包括对语料资源数字版权的获取。由于语料资源本身来源于现实世界中的各种语言载体,包括日常生活交流、各类文献信息、互联网资源信息等,其中不可避免地会涉及相应的版权和隐私信息的保护。语料库的版权和隐私问题在我国法律体系中还处于比较模糊的状态,也是法律较敏感的地方。总体而言在完成一个大规模语料库的建设过程中,版权和隐私保护还需要引起相应的注意,特别是在语料库的分析和挖掘过程中要注意可能出现的伦理问题,并将潜在的风险控制在可控范围内。另外,现阶段语料库的建设工作越来越依赖大数据和互联网平台,在数据获取的便利性不断提升的同时,要特别注意遵守互联网环境中的各项法律法规,规避因为非法的数据采集工作带来的法律风险。

二 语料文本资源的选择标准

语料文本资源是语料库建设的基础，与文本资源的数量相比，文本资源的质量对语料库最终建设效果的影响更加明显，如果在商务翻译的应用场景使用基于医学词汇生成的语料库，最终的效果可想而知。因此，语料文本资源选择标准的确定是搜集整理语料资源前要完成的工作，标准的选择可以从如下几方面着手。

1. 口语、书面语和网络用语

口语和书面语在文字表述上有较大的区别，口语是我们在真实场景下进行日常对话的记录，因此口语在文字表述上存在大量的语气词、助词、口语化词汇等，而书面语通常是人们在书写或阅读文章时所使用的语言。相比较而言，口语的情感表达更加直接、丰富，用词的发音更加简洁而有韵律，书面语的用词更加规范，文章的结构性更强。总体而言，口语和书面语之间是对立统一的关系，口语是书面语产生和发展的基础，书面语又是口语的总结和升华，两者之间既相互影响，又相互转化、共同发展。尽管口语和书面语之间存在一定的差别，但是两者之间并不是孤立存在的，不能简单分开。另外，随着数字媒体和互联网的普及，大量用户生成内容（User Generated Content）出现在现代语言体系中，各种网络用语就是其重要代表。网络用语可以看作口语和书面语的融合，其模糊了口语和书面语之间的界限，三者间的对应关系见图 4-2。从

图 4-2 口语、书面语和网络用语间的关系
资料来源：笔者自制。

语料资源挖掘的角度来看，口语、书面语和网络用语各自都有独特的价值，都是我们在做语料库商业价值挖掘时需要重点关注的对象。

2. 正式语言和文学语言

书面语由于使用场景的不同，涉及的语言材料可以划分为正式语言和非正式语言、文学语言和日常用语。相较而言，正式语言要比非正式语言更加易于获取，例如政府出台的工作报告、规章制度等都属于正式语言，文字的准确度非常高，词汇的专业程度也更高。而文学语言则要比日常用语更容易得到，文字的规范性会更好，例如正规出版的文学类书籍报刊等，文字的质量由于有正规出版机构的保障，通常都更高。因此我们在构建语料库的过程中，应该尽可能优先选取正式语言和文学语言的语料资源，想办法使语言材料的这种不平衡性得到互补。此外，非正式语言和日常用语尽管在规范性、准确性上存在不足，但是在文字情感的多样性和表述内容的时效性上都具有一定优势，因此非正式语言和日常用语应该作为语料库资源构建的重要补充，在经过专业的语料预处理工作后适当加入语料库资源的建设中。

3. 语料资源的典型性

语料库的重要用途之一是提炼出语言中核心和代表性的内容，因此语料资源的典型性就直接决定了语料库资源挖掘的最终效果和价值。在典型性的判定上，一方面要根据语料库实际应用的场景，选择相关领域最具代表性的语料素材；另一方面要积极借鉴经过长期使用，且有效的语料库案例，实现对代表性语料素材的有效分析。另外，在专业领域中的语料库的构建，需要充分参考本领域专家学者的研究成果和学术建议，特别是在专业性词汇资源的构建上，提升语料库的专业性和准确性。

4. 语义特征的时间性

语言具有时间性，相同的文字在不同时期可能会出现语义上的变化。语料库所选语料素材通常都涵盖某一特定时期，且有清晰的时间戳标志，标示出话语是第一次出现或文本是第一次出版。然而，如果我们想要抽取的语料素材受社会的影响比较大，那么其他因素就变得更加重要。书面文字往往需要一定时间才能明确它的价值，而口语或网络用语的时效性更强，相关语料素材的使用上需要更加谨慎。特别是现在不断出现的海量网络用语，文字内容的更替非常迅速，传统的人工识别和加工难以满足时效性的要求，随着网络用语在语料库中占比的不断增加，更多计算机技术，如机器学习、深度学习等，开始用于语料资源的实时性分析和加工工作。

5. 语料库的总规模

理论上来讲，在语料资源质量相同的前提下，语料库的规模越大，则语料库的实用价值和预测的准确度就会越高。特别是以大数据分析为代表的海量数据加工和分析技术的成熟，使得越来越多的语料库已经达到了万亿词的规模，且有不断扩大的趋势。但是要注意，语料资源的质量仍旧是语料库构建过程中的首要保证，单纯地增加语料素材数量，在弱化了人工处理的同时，也会使语料库资源质量的判断更加困难，结果就是语料库质量并未得到有效提升。因此在增加语料库规模的同时，一定要从语料素材选取的源头入手，尽可能提升语料资源的质量。

6. 抽样语料库的规模

抽样语料库可以用于验证语料库质量和预测精确度，对于抽样语料库，在一开始的时候就要确定它的大小。合理的抽样语料库规模首先应该可以尽可能准确地反映语料库的内容和质量，同时抽样语料库的大小应该在预测精度和预测效率间取得平衡，在尽可能反映语料库内容的同时保证语料库应用的效率。如果一个抽样语料库不能反映它所抽取的文件的规模和形态便被视为不完整的材料集合，从这种由不完整材料构成的语料库中只能得到质量欠佳的结果。

7. 统一文字编码标准

数字环境下多语种语料库的构建，面对的一个重要难题就是多语种环境下语言编码的复杂性。计算机设计之初对多语种的支持并不友好，所使用的标准 ANSI[①] 编码仅支持英文字符，随后各国在自己语言的基础上开发了可以用于计算机显示的语言编码体系，例如，中国在 20 世纪 80 年代初开发了用于简体汉字编码的 GB2312 标准，同期还出现了 Big-5 繁体字编码标准。早期不同编码间不能兼容，不同系统平台和文档的乱码问题一度困扰着使用者，甚至出现了专门的字符编码转换工具。实际上，在早期的计算机系统中，各国都面临复杂的字符编码和相互间不兼容的问题，针对这一问题，Unicode[②] 统一编码方案，将英语在内的各国文字符号都囊括其中。Unicode 作为国际通行的字符编码标准，可以完美地应用于多语种语言环境，因此成为多语种语料库构建过程中的文字编码标准。在多语种语料库的数据存储和分析过程中，应注意数据编码标准的设置（刘国兵，2008）。

三 语料库的构建框架

1. 单语种语料库的构建

单语种语料库只需收集一种语言素材并存储到文本文件或数据库中，可以直接使用分析研究工具对其进行检索、分析和研究。例如我们将搜集到的每一种语言素材资源直接存储到一个 TXT 格式的文本文件中，然后使用单语种语料库分析工具 AntConc[③] 进行分析即可，图 4-3 显示的就是使用该软件进行关键词检索时的界面。

2. 平行语料库的构建

平行语料库也称为双语种语料库，其中的语料资源是一一对应的翻

---

① ANSI（American National Standards Institute），即美国国家标准学会，该学会成立于 1918 年，早期的计算机字符编码由该学会负责制定并成为事实上的标准，因此在计算机领域中 ANSI 指包括 ASCII 在内的字符编码标准集。
② Unicode 也叫统一编码或万国编码，是一种包括字符集在内的字符编码方案，Unicode 编码出现是为了解决不同语言字符编码互不兼容的问题，它为每种语言都指定了唯一的二进制编码，避免了计算机中字符乱码情况的发生。
③ AntConc 软件的使用可以参考网站 http://www.laurenceanthony.net/software/antconc/。

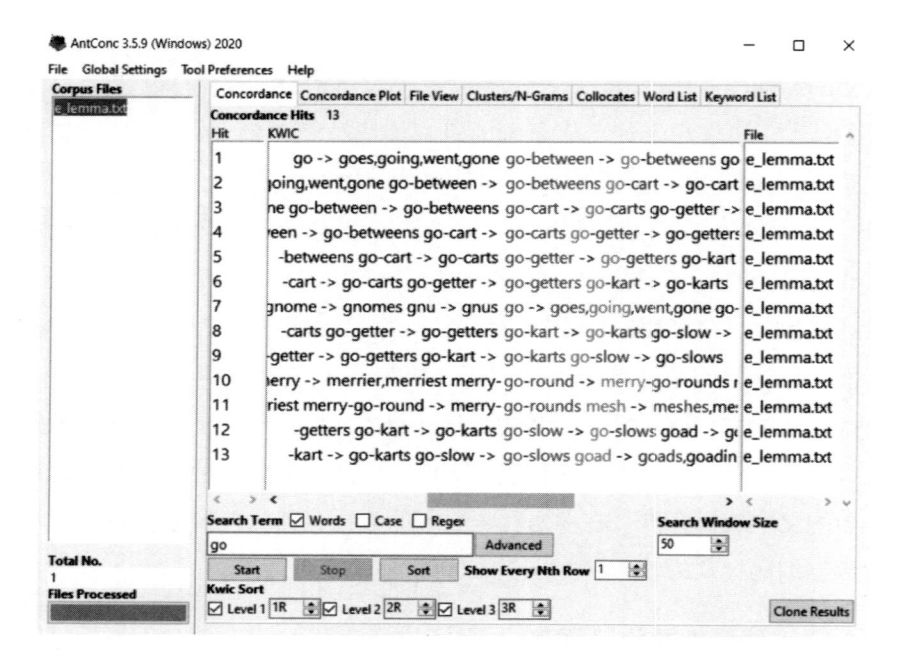

图 4-3　AntConc 软件使用界面

资料来源：笔者自制。

译关系，词汇、句子或段落都要有明确的对应关系。平行语料库的构建需要语料对齐工具，将互为译文的语言材料（原文与译文存放于两个文件中，原文与译文以上下或左右形式对照的方式存放于单个文件中均可）导入对齐工具中进行对齐，将对齐后的文件下载到本地即可。双语平行语料库在构建过程中，最花费精力的工作是两种不同语料对齐关系的确定，这一工作通常在专业人士和软件的协助下才可以完成，如图 4-4 显示的是 tmxmall 网站提供的双语语料对齐工具界面。平行语料库的对齐工作往往需要人工深度参与，因此平行语料库的构建过程往往比较漫长。使用平行语料库时，需要将该格式的数据库导入软件，软件会识别类似的语句，并且会自动显示匹配的结果，平行语料库对翻译人员提高语料资源的利用率和翻译效率都很大帮助。

图 4 – 4　tmxmall 网站提供的双语语料对齐工具界面
资料来源：笔者自制。

3. 可比语料库的构建

可比语料库需要平行语料库作为基础，并在此基础上实现对不同语言间的对比研究（庞伟，2015）。可比语料库由涉及同一主题或领域的两个单语种语料库组成，两个单语种语料库中的语料资源不是一一对应的关系，相互间无法直接进行翻译工作。可比语料库往往以平行语料库为基础，通过从平行语料库中发现的现象与规律来引导研究人员对可比语料库数据价值的挖掘，特别是通过可比语料库实现对不同语言间的对比研究。例如以可比语料库为基础，标记不同语言种类中词汇信息分布的共性和个性。

4. 多语种语料库的构建

多语种语料库可以看作双语种语料库的扩展，即多个双语种语料库建立相互间的关联，形成更加复杂、实用的多语种语料库。例如，在英汉、英日、英法等双语种语料库基础上，构建包含英、汉、日、法等语言的多语种语料库。多语种语料库同样有多语种平行语料库和多语种可比语料库等不同类型，相较而言，在双语种平行语料库基础上构建多语种平行语料库更为切实可行。多语种语料库在多语言翻译、跨文化挖掘等领域都有重要的应用。

即使是基于双语种平行语料库实现的多语种语料库构建，也不是简单的语料对齐，因为不同的语言背景可能会存在多语种间语料素材难以对齐的情况。一般而言，基于专业词汇或学术词汇的多语种语料库的构

多语种语料库的应用价值研究

建会更加容易。在多语种语料库的构建过程中通常可以选择一种通行的语言作为语料库的主语言,然后添加其他语言对齐到主语言中,接下来即可在平行语料检索等工具中进行查询和使用。

多语种语料库可以在双语种语料库的基础上进一步拓展应用的领域和范围,其在多语言翻译、术语研究、多语言文本分析、国际化命名等领域都有广阔的应用前景,如图4-5显示的是 glosbe 网站提供的多语言翻译界面。

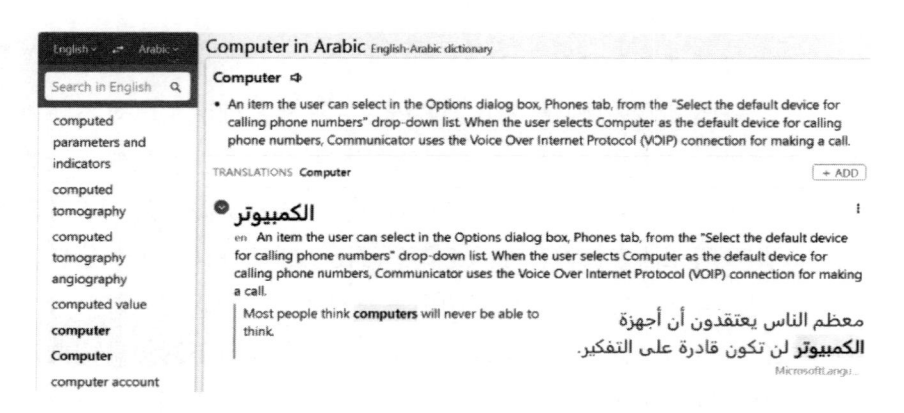

图 4 - 5　glosbe 网站中基于多语种语料库的翻译环境
资料来源:笔者自制。

语料库的构建主要由三方面组成,包括语料库本身、语料加工以及语料应用,表4-2显示的是语料库的构成部分。

表 4 - 2　语料库的构建

语料库	属性	值
语料库本身	规模	百万词级｜千万词级｜亿万词级｜…
	领域	政治｜经济｜体育｜心理学｜…
	体裁	文学｜报告｜新闻｜…
	时代	共时｜历时
	语体	书面语｜口语

续表

语料库	属性	值
语料库本身	语种	单语｜双语｜多语｜双语种平行语料库｜双语种比较语料库
	语言层次	语音（音节、韵律）｜语法（词、句…）
语料加工	数据形式	TEXT文本｜HTML文本｜数据库｜…
	编码体系	TEI标准｜自定义编码体系｜…
	加工层次	词性｜句法｜语义｜语篇｜双语句子对齐｜词对齐｜…
	加工方式	自动｜人机互助｜人工
语料应用	数据形式	通用｜词典编纂｜机器翻译｜…
	编码体系	检索工具｜人机界面｜数据接口｜…

资料来源：笔者自制。

四 多语种语料库构建原则

多语种语料库的构建应遵循代表性、结构性、平衡性、规模性、元数据，各个原则具体介绍如下。

1. 代表性

针对不同领域的语料库构建，并不是单纯地追求语料数量的多少，而是在一定的抽样框架内采集语料数据，语料抽样需兼顾代表性和普遍性。

2. 结构性

语料的集合必须以电子形式存在，计算机可读的语料集合结构性体现在语料库中语料记录的代码、元数据项、数据类型、数据宽度、取值范围、完整性约束上。

3. 平衡性

主要体现在平缓因子——学科、年代、文体、地域、登载语料的媒体、使用者的年龄、性别、文化背景、阅历、预料用途（私信/广告等）上，根据实际情况选择其中一个或者几个重要的指标作为平衡因子，最常见的平衡因子有学科、年代、文体、地域等。

4. 规模性

大规模的语料对语言研究特别是自然语言研究很有用，但是随着语料库的增大，垃圾语料越来越多，语料达到一定规模后，语料库功能并不随之增加，语料库规模应根据实际情况而定。

5. 元数据

元数据是用来描述数据的数据，元数据存储着语料的属性信息，因此对研究语料库有着重要的意义，我们可以通过元数据了解语料的时间、地域、作者、文本信息等，还可以构建不同的子语料库，并建立子语料库间的联系，另外语料知识版权、加工信息、管理信息等都需要元数据的支持。

第四节　多语种语料信息智能分析技术

一　自然语言分析方法

1. 词法分析

词法分析的主要任务是词性标注和词义标注。词性是词汇的基本属性，词性标注就是在给定句子中判断每个词的语法范畴，确定其词性并进行标注。解决兼类词和确定未登录词的词性是标注的重点。进行词性标注通常有基于规则和基于统计两种方法。一个多义词往往可以表达多个意义，但其意义在具体的语境中又是确定的，词义标注的重点就是解决如何确定多义词在具体语境中的义项问题。标注过程中，通常是先确定语境，再明确词义，方法和词性标注类似，有基于规则和基于统计两种。

2. 句法分析

句法分析是指判断句子的句法结构和组成句子的各成分，明确它们的相互关系是句法分析的主要任务。句法分析方法也分为基于规则和基于统计两种方法,基于统计的方法是目前的主流方法。句法分析通常有完全句法分析和浅层句法分析两种,完全句法分析是通过一系列的句法分析过程最终得到一个句子完整的句法树。完全句法分析存在两个难点,一是词性歧义;二是搜索空间太大,通常是句子中词的个数的指数级。浅层句法分析又叫部分句法分析或语块分析,它只要求识别出句子中某些结构相对简单的成分,如动词短语、非递归的名词短语等,这些成分被称为语块。一般来说,浅层语法分析会完成语块的识别和分析、语块之间依存关系的分析两个任务,其中语块的识别和分析是浅层语法分析的主要任务。

3. **语义分析**

语义分析是指根据句子的句法结构和句子中每个实词的词义推导出能够反映这个句子意义的某种形式化表示,将人类能够理解的自然语言转化为计算机能够理解的形式语言。句子的分析与处理过程,有的采用"先句法后语义"的方法,但"句法语义一体化"的策略还是占据主流位置。随着计算机技术的发展以及统计算法的进步,利用计算机实现的语义分析技术正在成为主流,特别是以机器学习和深度学习等技术为代表的人工智能技术的成熟,使得传统语义分析研究受到了极大挑战。近些年,在人工智能技术的协助下,语义分析技术有了长足进步,特别是在语义分析的基础上进行文本情感分析,不仅使预测精度不断提升,而且使这一技术在不同领域中的应用愈加广泛。

4. **语境和篇章分析**

自然语言处理的基础研究还包括语用语境和篇章分析。语用是指人对语言的具体运用,研究和分析语言使用者的真正用意,它与语境、语言使用者的知识涵养、言语行为、想法和意图是分不开的,是对自然语言的深层理解。情景语境和文化语境是语境分析主要涉及的方面,篇章分析则是将研究扩展到句子的界限之外,对段落和整篇文章进行理解和分析。除此之外,自然语言的基础研究还涉及词义消歧、指代消解、命名实体识别等方面的研究。

自然语言的理解和分析是一个层次化的过程，许多语言学家把这一过程分为五个层次（见图4-6），可以更好地体现语言本身的构成，五个层次分别是语音分析、词法分析、句法分析、语义分析和语用分析（徐大明，2017）。

语音分析 → 词法分析 → 句法分析 → 语义分析 → 语用分析

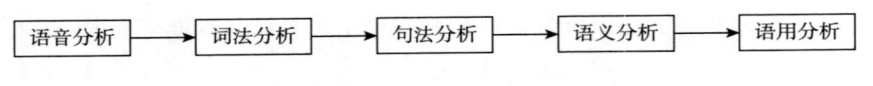

图4-6 自然语言理解层次

资料来源：笔者自制。

5. 知识图谱

2012年5月，谷歌公司推出了Google知识图谱，并将其应用在搜索引擎中增强搜索能力，提升用户搜索质量和搜索体验，这是"知识图谱"名称的由来，标志着大规模知识图谱在互联网语义搜索中的成功应用。知识图谱是为了表示知识，描述客观世界的概念、实体、事件等之间关系的一种表示形式，知识图谱以网络结构化的形式来描述客观世界间的关系，通过网络图形的绘制将复杂的信息表达成更接近人类认知的形式，是一种更好地组织、管理、理解海量信息和相互间关系的信息表达形式。知识图谱这一概念的起源可以追溯至语义网络，语义网络由许多"节点"和"边"组成，这些"节点"和"边"相互连接，"节点"表示的是概念或对象，"边"表示各个节点之间的关系，例如图4-7就是一个描述鹦鹉特征的语义网络示意图。

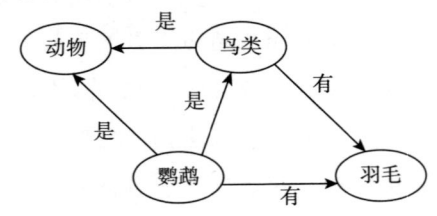

图4-7 描述鹦鹉特征的语义网络

资料来源：笔者自制。

知识图谱在表现形式上与语义网络比较类似，不同的是语义网络侧重于表示概念与概念之间的关系，而知识图谱更侧重于表述实体之间的关系。知识图谱可以划分为通用型知识图谱和特定领域知识图谱，其中通用型知识图谱绘制难度更大，且主要用于描述整体性事物间的关联，而特定领域知识图谱更加强调在专业领域中的应用，知识图谱构建过程中更加强调对某一特定领域的呈现，不仅表现得更加准确，实用性也更强。

通常一个完整的知识图谱由以下三部分组成。

其一，实体：独立存在且具有某种区别性的事物，如一个人、一只猫、一种植物、一座城市、一把剪刀等。实体是知识图谱中最基本的元素，具体的事物就是实体所代表的内容，不同的实体间有不同的关系。

其二，概念：具有相同或近似特性的实体构成的集合，如人类、动物、植物、国家、工具等。概念是在实体的基础上抽象出来的集合，通常概念具有名字、类型、描述等内容。

其三，属性（值）：区分不同概念的具体特征，如数量、尺寸、颜色、材质、速度等。属性通常用于建立实体间的连接，如果属性两端连接的是具体的概念或实体，那么属性就用来描述两者之间的关系，如果属性是一个具体的数值，则称为数值属性。

如图4-8就是笔者用CiteSpace软件绘制的知识图谱，图谱中的数据来源于对语料库相关文献的主题分析和关键词提取。

知识图谱在商业活动中有着广泛的应用前景，众多掌握海量数据的互联网类企业，都开始越来越关注知识图谱在企业经营活动中的应用，以谷歌为代表的互联网企业早已将知识图谱技术应用到搜索数据的挖掘和智能呈现中，例如当我们通过谷歌搜索一部电影时，网站返回的结果将不仅仅局限于电影的介绍，相关影院的购票信息、拍摄地旅游资讯、衍生产品推荐等内容也会智能化地呈现出来。知识图谱基于图论可以实现对事物的可视化呈现和信息挖掘，在商业活动领域中，特别适用于对

多语种语料库的应用价值研究

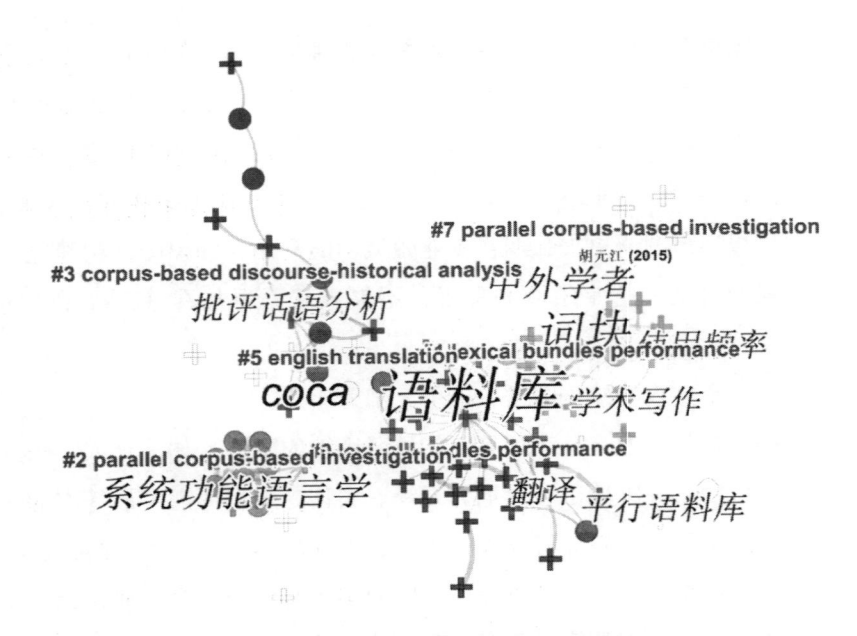

图 4-8 CiteSpace 软件绘制的知识图谱
资料来源：笔者自制。

商业和贸易活动的深入分析，知识图谱往往可以发现传统分析方法难以掌握的细节和规律。

　　知识图谱可以用来表示、构建和挖掘我们在日常生活或商业活动中的各项事件或实物，涉及众多交叉学科领域的知识，是一项综合性的实践技术。知识图谱技术既涉及自然语言处理中的各项技术，如浅层的文本向量表示、句法和语义结构表示被适用于资源内容，以及分词和词性标注、命名实体识别、句法语义结构分析、指代分析等技术被应用于自然语言处理等。同时，知识图谱技术的研究又促进了自然语言处理技术的研究，基于知识图谱的词义排歧和语义依存关系分析等知识驱动的自然语言处理技术得以建立。

　　近些年，知识图谱的研究越发呈现内容动态化的趋势，在传统内容聚合理念基础上，企业越来越重视在信息挖掘的同时构建基于数据的商业价值链，知识图谱的典型性应用场景包括语义化搜索、人工智能应答、可视化决策等。语义化搜索是基于关键词的语义搜索技术，与传统的关键词搜索不同，语义化搜索可以实现基于实体和关系之间的信息检索，进而通过准确捕捉用户的搜索意向和趋势，解决传统依靠关键字匹配带来的检索结果缺失或词语歧义的问题。人工智能应答是企业进行客户服务或客户支持中经常使用的一种形式，与传统的人工应答系统相比较，基于人工智能的应答系统可以大大节约人力成本，同时也不易受到时间、空间的限制。人工智能应答系统被看作未来信息服务的颠覆性技术之一，亦是计算机具备自然语言理解能力的重要验证手段。人工智能应答系统在设计过程中需要针对用户通过文本或语音输入的自然语言进行识别和解释，并利用知识图谱找出与用户需求相符合的结果，这一过程中的关键技术及设计难点包括准确地进行语义解析、正确地理解用户意图以及选择最优的答案反馈给使用者。可视化决策是指将知识图谱中的语义分析和数据挖掘的结果通过可视化界面实现与用户间的交互和反馈，可视化决策既强调与使用者间的有效互动，同时着重对数据挖掘结果的合理呈现。现代企业管理中，对企业经营结构、客户关系维护、投资渠道与偏好等的全面掌握是非常复杂的事情，知识图谱不仅可以通过可视化呈现帮助管理者更好地理解企业的经营状态，同时可视化检索、路径规划、实时预警等环节可以进一步提升企业经营决策的水平。

6. 文本情感分析

语言是人与人长期交流的产物，因此语言不可避免地带上了情感色彩和情感倾向，如喜、怒、哀、乐、批评、褒奖等。对于语言情感倾向的研究由来已久，20世纪末 Hatzivassiloglou 和 McKeown 就开始使用对数线性回归模型从大量语料库中识别形容词的正面或负面语义，同时借助该模型对语料中出现的形容词进行分类预测（Hatzivassiloglou，McKeown，1997）。Turney 在 2002 年的论文中提出了基于无监督学习的点互信息与信息检索 PMI-IR（Pointwise Mutual Information and Information Retrieval）算法，该算法通过信息检索的方式计算两个单词或短语之间的相似程度,并将语料中的词语分类成正面情感词和负面情感词(Turney,2002)。PMI算法适用于对被测词情感倾向的识别,但是该算法较为依赖预先整理的积极和消极词汇的集合,这种基于语料库的方法最大的优点在于简单易行,缺点则在于需要在语料库建设上投入较大的精力(赵妍妍等,2010)。PMI算法的基本思想是统计两个词语在文本中同时出现的概率,概率越大,这两个词语的关联度就越紧密,相关性也就越高,PMI算法的具体计算过程如公式(4.1)所示。

$$PMI(word_1, word_2) = \log_2\left[\frac{p(word_1 \& word_2)}{p(word_1) \cdot p(word_2)}\right] \quad (4.1)$$

其中:

$PMI > 0$,则两个词语是正相关的,值越大表明这两个词语同时出现的概率越高,两者的正相关性越强。

$PMI = 0$,两个词语是相互独立的,即两个词语不会同时出现在一段文字中,两者之间不存在相关性。

$PMI < 0$,两个词语是负相关的,值越小表明这两个词语呈现越发明显的互斥关系。

在PMI算法基础上,选用一组预先设定好的积极词汇(Positive words)跟一组消极词汇(Negative words)作为基准词,得出某一短语phrase与基准词进行PMI计算的结果,再将所有积极词汇和消极词汇的计算结果累加后进行减法运算,得到的差额即可以看作短语phrase的语义倾向SO值(Semantic Orientation),SO值的具体计算公式如公式(4.2)所示。

$$SO(phrase) = \sum_{i=1}^{num(positive)} PMI(phrase, positive_i) - \sum_{i=1}^{num(negative)} PMI(phrase, negative_i)$$
$$(4.2)$$

与PMI值一样:

$SO > 0$ 时,短语呈现积极倾向,且值越大短语的情感越积极。

$SO=0$ 时，短语呈现中性态度，或短语没有明显的情感指向。

$SO<0$ 时，短语呈现消极态度，且值越小短语的情感越消极。

情感分析的研究还分为四个不同的研究方向，包括情感分类（Sentiment Classification）、特征提取（Aspect Extraction）、观点概括（Opinion Summarization）以及垃圾观点检测（Opinion Spam Detection）（Bakshi et al.，2016）。

情感分类是文本情感分析领域最为广泛，也是最为基础的研究问题，情感分类通常是对文本进行量化，并从统计学意义上实现分类研究和情感倾向判断。除了前面介绍的无监督学习情感分析方法，还有基于有监督学习的文本情感分析。语料库在文本情感分析中扮演着重要的角色，设计者可以通过构建一些词法或句法上的规则，从语料库中挖掘情感词，特别是形容词的情感。但是深入的研究发现单纯对形容词进行情感分析的误判率较高，原因就是与之搭配的名词不同，形容词情感会产生差异。例如，单就形容词"高"而言，如果整句是"这辆车的时速很高"，则其中的"高"字明显是积极倾向，而如果整句是"这辆车的油耗很高"，则其中的"高"字就变成了消极倾向。因此近些年文本情感分类的研究更多是以语料库为基础，借助大数据、机器学习以及深度学习等技术，实现更加准确的判断。另外，文本情感分类有明显的跨领域性，即不同领域、不同行业、不同时期文本情感都会存在一定的差异，因此情感分类过程对训练集数据的要求更高，往往需要针对特定领域构建有针对性的语料资源。

特征提取是指对文本情感分析对象的描述信息进行概括性分析，即实现对文本描述的客观事物的归纳总结。例如一段评论性文本"挺有个性，而且配置也实用，重点还是看××车，新系列绝对好产品"，这段文字中"个性""配置""实用"等都是对"××车"这一客观事物的概括性描述。特征提取在实现层面通常分为两步，一是找到文本描述的对象，即通过名词与名词短语间的包含关系，或情感词汇与评价对象间的联系,过滤掉无关词语,并通过算法的设计找出其中主要描述或针对的对象;二是提取分析对象的核心描述词或情感倾向词,从特征词的视角实现对文本情感分析的观测。

观点概括的主要研究目标是在特征提取的基础上,将文本形成一系列评论关键词和情感词的配对,并以可视化的呈现手段,使用户对评论对象有直观认识。另外,观点概括还会在词语配对的基础上,进一步抽取句法上的配对关系,形成更有说服力的文本情感分析结果。

垃圾观点检测这一说法来源于电子邮件领域中关于垃圾邮件的检测。在电子邮件系统中,经常会有企业或个人批量向邮件地址发送与使用者无关甚至带有恶意病毒的电子邮件内容,即"垃圾邮件"或"广告邮件",因此电子邮件系统中都提供了对这种垃圾邮件的自动过滤功能,如大部分电子邮件系统中都提供了基于贝叶斯过滤器的垃圾邮件过滤系统,贝叶斯过滤器通过统计预先建立好的正常邮件和垃圾邮件数据集,以概率检验的方式实现垃圾邮件的自动过滤。垃圾观点检测要解决的问题与垃圾邮件过滤类似,即发现文本情感分析过程中可能存在的"垃圾"文字,所谓的"垃圾"文字,可能是自动生成技术实现的自动评论文字,或者是恶意中伤竞争对手的内容,甚至就是毫无意义的文本。"垃圾"文字的出现,不仅会影响文本情感分析的准确度,严重时甚至会直接导致错误的预测结果。垃圾观点检测的实现机制与垃圾邮件检测相比更加复杂,现阶段还在不断研究中,垃圾观点检测可以从文本内容的生成行为出发,例如对文本评论者的评论时间进行判断,如果有评论者在短时间内发出大量评论内容,或者评论者在短时间内发出过多截然相反的评论内容等异常行为,则可以判定存在恶意评论的可能。另外,有研究提出类似于谷歌公司 PageRank 算法的垃圾观点检测方法,即对更高关注的评论文本和评论者赋予更高的权重,反之则赋予较低的权重,以此实现对评论对象建立加权复合评分的机制(Wang,Xie et al.,2012)。

二 语料库智能分析的基本技术

要实现多语种语料库的语料信息智能分析，需要先解决下面这些智能分析的基本技术问题。

1. 字词切分和词性标注

语料库构建的基本组成是以字词为单位的语料信息，无论是平行语料库还是可比语料库，都离不开基本语料信息的构建。语料素材的使用首先需要进行的就是字词的切分，即将采集到的整段文字信息切分成计算机可以处理和存储的个体语料信息。在字词切分上，中文与其他语言存在较大不同，世界上大部分语言都是表音文字，通常以单词的形式进行词切分，且大多数情况下以空格为词切分的标志。而中文是世界上为数不多仍在广泛使用的象形文字，因此中文语料素材既可以按字进行切分，也可以按词进行切分。从语料库实用性角度出发，设计者通常会选择进行中文词语的切分，中文中没有特殊符号用于分隔字词，加之中文文本中存在的词歧义问题和陌生词问题，中文词语的切分一直以来都是相关研究的重点和难点。早期语言学家从中文语法结构的角度出发，进行中文分词技术的研究，但是进展缓慢。随着近些年人工智能技术的发展，特别是基于神经网络的深度学习框架在中文分词中的使用，使得中文分词技术不断取得突破。

词性标注是与字词切分完全不同的两个任务，词性标注是指在已经切分好的文本中，给每一个词标注其所属的词类属性，包括名词、动词、代词、形容词、副词等。词性标注以分词结果为基础，词类属性的不同对于文本情感分析会有不同的处理结果，同时对后续句子语义的形成和理解有重要作用。在词性标注方面，不同语言的语料信息在词性标注上同样难度迥异。以英文为例，绝大部分英文单词仅从拼写形态上就可以明确区分单词的词性，但是中文词语的词性由于歧义的影响，判断则要复杂得多。例如"这个人好说话"，这句话中的"好"字在读三声和四声时就会有不同的含义,如果读作三声则表明这个人好商量,不爱刁难人,如果读作四声则表明这个人擅长说话,总爱说个不停(陈润生,2013)。中文中这样的例子有很多,无论是从句法分析,还是词性分析,都可能会出现误判的情况,因此以中文为代表的词性分析仍处于不断深入研究的过程中。

2. 短语句法及语义分析

一个完整的句子往往是我们理解一篇文章,找出情感倾向的基本元素。句法及语义分析包括句法成分的识别与标注、搜索特征集的提取、观点提取、索引等方面。句法分析需要基于字词切分和词性标注的结果来明确句子的语法结构,与词性标注相比,句法分析需要对整个短语或句子中的字词进行整体性分析,特别是明确句子中的主语、谓语、补语等词的依存关系。句法分析层面还需要重点解决的是可能存在的歧义问题,这需要考虑字词的词性和上下文间的关系。在句法分析的基础上即可实现对文本的语义理解,语义的理解旨在发掘句子中所涉及的各项信息,解决句间成分传递、指代与引用等问题。

句法分析通常利用某种语言的语法结构特征作为基础,构建关于句子的字词或短语结构树模型,来实现对句法的分析。近些年,与分词和词性标注研究类似,句法和语义分析开始越来越依赖人工智能分析技术,最新的研究通常会将分词与句法分析结合共同完成。例如李超等人提出利用深度学习技术,借助句法树实现对句法结构和特征的自动分析(李超等,2017)。如图4-9所示的即是一种基于答案抽取的深度神经网络模型结构图,在深度神经网络中,通过对表层特征(图中右侧的 su)、句法结构特征(图中右侧的 sy)进行潜在特征学习,并汇集到全连接层 $v = [su, sy]$,最后通过 Softmax 深度学习分类器实现对答案文本的自动分类识别。

3. 句群分析

句群分析是在字词切分和句法分析的基础上,对整段文字或整篇文

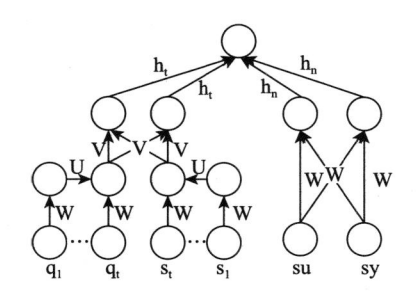

图4-9 深度神经网络模型结构

资料来源：李超等，2017。

章的整体性分析。句群分析的作用是对整篇文章的情感倾向给出最终结果，相关研究包括句子间的成分传递，指代、引用信息表的建立和使用，以及概念关系的推理等。句群由多个句子组成，因此句子间的关系是进行句群分析的重要基础，例如通过识别连接词，可以将句群分为并列句、转折句、因果句、假设句、总分句、条件句等不同类型，句群类型的识别对于判断整段文字的场景有重要的帮助。例如在商品评论中，会出现大量并列句，而一旦出现转折句，往往意味着用户真实情感或意图的表达。句群分析往往需要对不同场景进行特征分析，不同应用环境下，句群分析差异性较大，因此尽管人工智能技术在句群分析中同样可以发挥重要的作用，但是仍旧需要经验丰富的研究人员对不同商业应用环境进行匹配才可以实现较好的句群分析效果。

三 多语种语料库的实现案例

1. 通用型语料库的处理

语料资源的建设需要投入大量的人力和物力，并且需要长期的信息采集和分析工作才可以完成。实际上，大量科研机构已经公布自己多年的研究成果，一方面这些公开的研究成果往往语料资源丰富、通用性更强，另一方面公开的语料库会被更多研究者分析和验证，语料库的质量可以得到保证。因此使用已公开研究成果中涉及的通用型语料库，对于

多语种语料库的应用价值研究

快速开展研究工作非常有帮助。

我们以 Python 环境下使用最为广泛的自然语言工具包 NLTK（Natural Language Toolkit）为例，介绍一下语料库的使用（Bird，Steven，2009）。默认情况下，Python 程序安装完成后不包含 NLTK 库，因此我们需要在命令提示符中输入如下命令完成 NLTK 库的安装工作：

pip install nltk

NLTK 库安装完成后，并不包含研究需要的语料库，所以还需要在 Python 运行环境下输入如下命令完成语料库的安装工作，注意 Python 语言严格区分大小写：

>＞＞*import nltk*
>＞＞*nltk. download*（）

Download 命令正确执行后会打开如图 4 – 10 所示的 NLTK Downloader 对话框，Corpora 选项卡中即显示了 NLTK 提供的所有语料库，选择我们需要的语料库并点击 Download 按钮即可。如果系统空余空间足够，也可以选择 Collections 选项卡中的所有项目，点击 Download 下载包括语料库、插件包、测试集等在内的所有 NLTK 资源。

图 4 – 11 显示的是在 NLTK Downloader 对话框中下载所有语料库后的界面，例如当前选择的布朗语料库是美国布朗大学在 20 世纪 60 年代初创建的，收集了约 500 个连贯英语书面语，每个书面语的文本超过 2000 词，整个语料库由 100 多万个单词组成。

如果要使用已有的语料库，如布朗语料库，可以尝试输入如下语句：

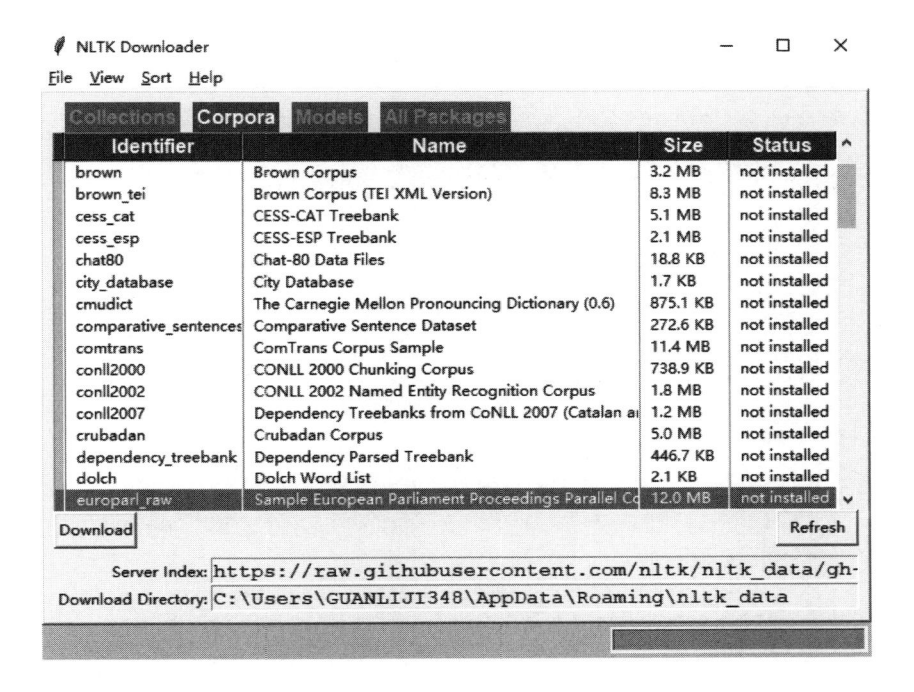

图 4 – 10　NLTK Downloader 对话框

资料来源：笔者自制。

import nltk

from nltk. corpus import brown

#categories（）列出了布朗语料库的目录

print（brown. categories（））

#len（sents（））显示了布朗语料库的句子数量

print（len（brown. sents（）））

#len（words（））显示了布朗语料库的单词数量

print（len（brown. words（）））

这段代码执行的结果见图 4 – 12，从中可以看到布朗语料库划分为包括冒险、小说、新闻等在内的 15 个目录分类，且包含 57340 个句子和 1161192 个单词。NLTK 也提供了其他语种的语料库，例如语料库 al-

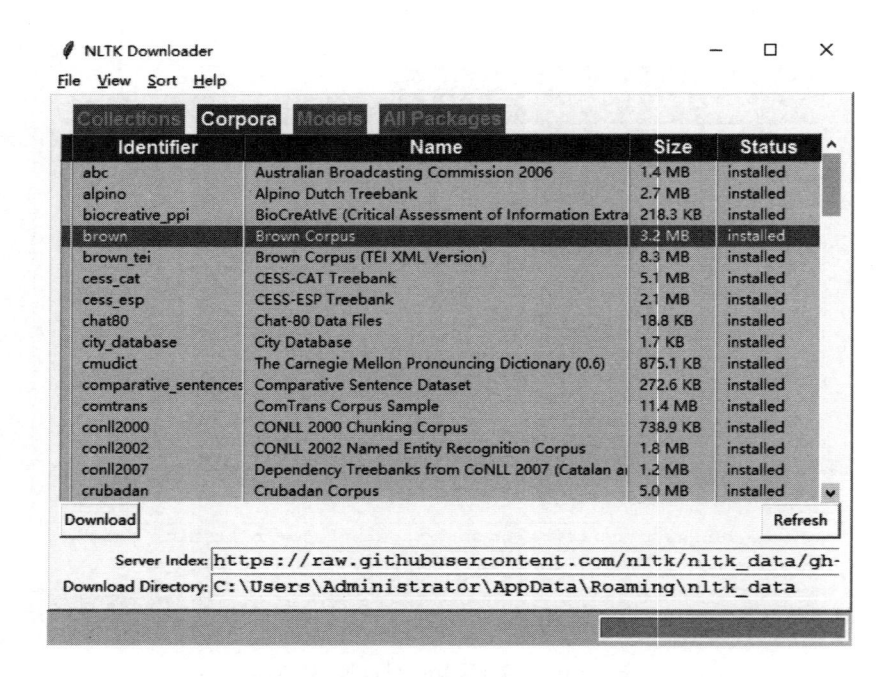

图 4 – 11　NLTK Donwloader 对话框的下载完成界面
资料来源：笔者自制。

图 4 – 12　NLTK 库的 Python 代码执行结果
资料来源：笔者自制。

pino 中即提供了单词总数为 139820 的荷兰语语料库。

在分词的处理上，中文与其他语言有较大的区别，以英文为代表的文本分词处理较为容易，即绝大部分情况下我们只需要识别文本中的空格就可以完成分词处理，具体到 NLTK 中使用如下的语句即可快速完成文本的分词工作：

#sentence 中存储的是要分词的文本。
sentence = ' Globalization, including a phenomenal expansion of trade, has helped lift millions out of poverty.'
#word_tokenize 是 NLTK 提供的分词命令，分词的结果以列表的形式存储在 segment 变量中供后续处理。
segment = nltk. word_tokenize（sentence）

中文分词的过程更加复杂，我们将在后面的章节中单独介绍。
NLTK 库同样提供了词性标注的功能模块，具体的实现语句如下：

#NLTK 库中的 pos_tag 即是用于词性标注的子模块。
from nltk import pos_tag
#使用 pos_tag 方法进行词性标注，并以列表加元组的形式存储在 tags 变量中。
tags = pos_tag（segment）
print（tags）

这段代码的显示结果为：

[('Globalization', 'NNP'), (',', ','), ('including', 'VBG'), ('a', 'DT'), ('phenomenal', 'JJ'), ('expansion', 'NN'), ('of',

'IN'），（'trade'，'NN'），（'，'，'，'），（'has'，'VBZ'），（'helped'，'VBN'），（'lift'，'VB'），（'millions'，'NNS'），（'out'，'IN'），（'of'，'IN'），（'poverty'，'NN'），（'.'，'.'）]

其中，不仅可以看到进行 word_tokenize（）分词后的结果，同时 NLTK 以元组的形式对分词结果进行了词性标注，每个元组中的第二个值即是词性标注的结果，具体的词性标注含义见表 4-3。

表 4-3　词性标注及含义

词性标注	标注含义	标注中文含义
CC	coordinating conjunction	连词
CD	cardinal digit	数量词
DT	determiner	限定词
EX	existential there（like："there is"…think of it like "there exists"）	存在（如"存在"…把它想象成"这里存在"）
FW	foreign word	外来词
IN	preposition/subordinating conjunction	介词/从属连词
JJ	adjective，big	形容词，如 big
JJR	adjective，comparative，bigger	比较级形容词，如 bigger
JJS	adjective，superlative，biggest	最高级形容词，如 biggest
LS	list marker，1）	列表标记，如 1）
MD	modal could，will	情态词可以，如 will
NN	noun，singular，desk	单数名词，如 desk
NNS	noun plural，desks	复数名词，如 desks
NNP	proper noun，singular，Harrison	专有单数名词，如 Harrison
NNPS	proper noun，plural，Americans	专有复数名词，如 Americans
PDT	predeterminer，all the kids	前位限定词，如 all the kids
POS	possessive，ending parent's	所有格代词，如 parent's 结尾的 's
PRP	personal pronoun，I，he，she	人称代词，如 I，he，she
PRP$	possessive pronoun，my，his，hers	所有格代词，如 my，his，hers
RB	adverb，very，silently	副词，如 very，silently

续表

词性标注	标注含义	标注中文含义
RBR	adverb, comparative, better	比较级副词，如 better
RBS	adverb, superlative, best	最高级副词，如 best
RP	particle, give up	小品词，如 give up
TO,	to, go to the store	To，如 go to the store
UH	interjection, errrrrrrrm	感叹词，如 errrrrrrrm
VB	verb, base form, take	动词原型，如 take
VBD	verb, past tense, took	动词过去式，如 took
VBG	verb, gerund/present participle, taking	动名词及现在分词，如 taking
VBN	verb, past participle, is taken	动词过去分词，如 is taken
VBP	verb, single. present, known-3d take	动词一般现在时，如 take
VBZ	verb, 3rd person sing. present takes	动词第三人称单数，如 takes
WDT	wh-determiner, which	WH 开头的限定词，如 which
WP	wh-pronoun, who, what	WH 开头的代词，如 who、what
WP$	possessive wh-pronoun, whose	WH 开头的所有格代词，如 whose
WRB	wh-adverb, where, when	WH 开头的副词，如 where、when

资料来源：https://pythonprogramming.net/natural-language-toolkit-nltk-part-speech-tagging/。

在词性标注的基础上，NLTK 还可以通过生成解析树，实现对句子的可视化呈现，具体的代码如下：

```
#分块处理
from nltk.chunk import RegexpParser
#tags 为词性标注的结果
para = tags
#自定义语法规则的生成方式，冒号前为自定义的规则名称
grammer = '''NP：{<DT>?<JJ>*<NN>*}
            P：{<IN>}
            V：{<V.*>}
```

$$PP:\{<P><NP>\}$$
$$VP:\{<V><NP|PP>*\}'''$$

#调用 RegexpParser（）方法生成规则

rp = nltk. RegexpParser（grammer）

#按照规则进行分块

Result = rp. parse（para）

#生成可视化结果

result. draw（）

图 4 – 13 即是解析树呈现效果。

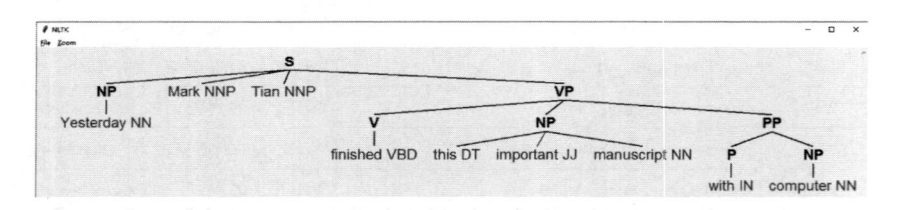

图 4 – 13　句子的解析树可视化效果

资料来源：笔者自制。

2. 自建语料库的建立

使用成熟的语料库资源可以提高应用开发或相关研究的效率，但是自建语料库在专业领域中的数据挖掘具有不可替代的作用，特别是从智能决策的角度出发，针对特定领域构建的自建语料库无论是语料质量，还是预测效果，都要优于通用性语料库资源。另外，通用型语料库在文本资源的广度方面有不可替代的作用，因此在实际应用中，可以选择通用型语料库与自建语料库相结合的方式进行文本挖掘和智能分析工作，图 4 – 14 显示的就是通用型语料库和自建语料库相结合的信息挖掘模式。

自建语料库需要使用者先采集特定的语料文本资源，传统的语料采集主要依靠人工完成，计算机和互联网的普及，使得语料资源的采集效

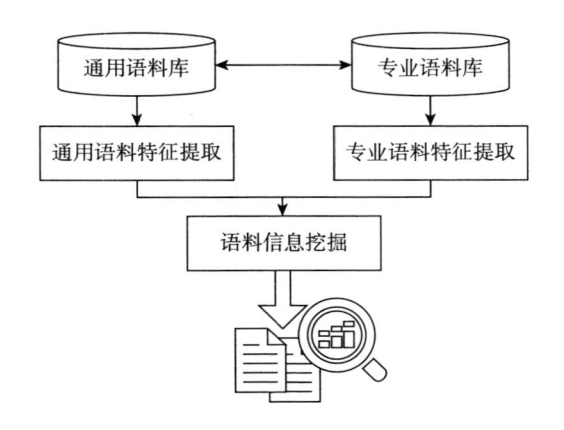

图 4-14 语料库信息挖掘模式

资料来源：笔者自制。

率大大提高，语料信息的处理速度更快、准确度更高，同时采集的成本大幅下降，语料的涉及面更加广泛。对于商业公司来讲，企业经营活动已经越来越依赖计算机和互联网平台，每项业务的开展都会产生大量有实际价值的语料资源，例如项目合同、协议本文、客户维护系统产生的文字问答和相关论坛中的评论评价信息等。这些实际业务开展过程中产生的语料资源，往往能够对企业进行精准"画像"，因此使用企业自建语料库对于提升语料库商业价值具有非常重要的意义。另外，自建语料库中的语料资源通常数量有限，往往制约语料信息的挖掘研究，这时可以依靠通用型语料库语料资源丰富、相关分析模型成熟的优势，将自建语料库与通用语料库相结合进行语料信息的挖掘工作。

NLTK 库不仅包含大量通用型语料库，同时可以非常方便地建立自建语料库，通常自建语料库由个人或企业单独完成，并存储成文本文件或 Excel 电子表格的形式，自建语料库数量较多的话，可以采用数据库存储的形式。下面以最常见的 TXT 文本文件为例，展示在 NLTK 中导入并建立自建语料库的过程。

多语种语料库的应用价值研究

```
from nltk.corpus import PlaintextCorpusReader
corput_dir = r'.'
#读取当前目录下的ExportTrade.txt文件
#如果需要读取某一文件夹下的所有语料文件,将文件名用*号代替
my_corpora = PlaintextCorpusReader(corput_dir,['ExportTrade.txt'])
#利用words()方法实现对语料库文本的分词处理
myCorResult = my_corpora.words('ExportTrade.txt')
print(len(myCorResult))
print(len(set(myCorResult))/len(myCorResult))
```

代码中的ExportTrade.txt为我们预先准备好出口贸易协议语料,最后两行代码则分别输出了该段语料资源中的分词数和词汇使用丰富度测量(即语料词汇量和词汇总数的比值),输出结果分别为26241和0.0845,每个词汇平均出现的次数为12次。另外,如果以TXT格式存储多语种语料资源,建议在TXT文件保存时选择UTF-8编码格式,否则在语料库读取过程中可能出现编码错误的问题。

自建语料库根据实际的语料规模、语种类型等的需要,可以分别存储在不同的文件夹及文本文件中,使用时根据实际需要可以选择全部读取或部分读取。

3. 智能分词技术的实现

分词是对语料资源进行系统性分析的基础性操作,随着技术的发展,分词也从传统的手工处理转变为计算机自动化处理,近些年分词技术已经发展得非常成熟,从效率和准确率上都可以代替人工。尽管所有的语言都可以有相应的分词依据,但是不同语言系统进行分词操作的难度是截然不同的,通常我们认为中文分词的难度要远远大于以英文为代

表的拉丁语系语言。造成计算机处理中文分词困难的原因一方面是汉语系统不使用空格等符号作为分隔符依据，另一方面汉语系统中的词汇存在大量的重叠现象，且同一词汇可能包含多种词义，而词汇重叠带来的歧义性和词汇本身的多义性都会对计算机自动化处理造成很大的困扰。例如句子"南京市长江大桥"，在进行分词时可以有如下两种方案：

南京市｜长江大桥　　　　　（方案一）
南京｜市长｜江大桥　　　　（方案二）

从中文句法上看，方案一和方案二提供的两种解读都是正确的，且从语义上分析也都是可行的。这就使得在某些情景下，对中文进行分词不能局限于句子本身，只有从上下文关联的视角出发，才能正确判断分词的结果。

在实际的中文分词处理上，词汇表的建立是进行分词的第一步，但是上文已经说过，仅仅使用词汇表并不能解决中文分词面临的诸多问题，因此还需要搭配智能算法以提高中文分词的准确率。中文分词系统的设计思路有两种，一是基于智能匹配算法，二是基于统计分词方法，基于智能匹配算法的基本思想是在分词过程中进行句法和语义的分析，利用句法和语义信息来消除歧义现象，基于统计分词方法的原理则是通过建立如词频、t-测试差等形式的统计模型，选择统计学意义上的分词最优解实现中文分词处理工作（奉国和、郑伟，2011）。

在智能分词技术的具体实现上，我们以 Python 环境中专门用于中文分词处理的 jieba 模块库为例，介绍智能分词技术在汉语中的应用，图 4-15 是 Python 环境下 jieba 库进行句子分词处理的具体流程。在使用 jieba 库前，需要先通过命令 pip install jieba 在系统中进行第三方库的安装（曾小芹，2019）。jieba 库提供了进行中文分词的流程化自动处理框架，包括字符清洗、构建分词模型、加载用户词典、分词以及词性标

多语种语料库的应用价值研究

注等功能，并且依据分词应用的场景提供了全模式、精确模式、搜索引擎模式等三种不同分词粒度的模式。

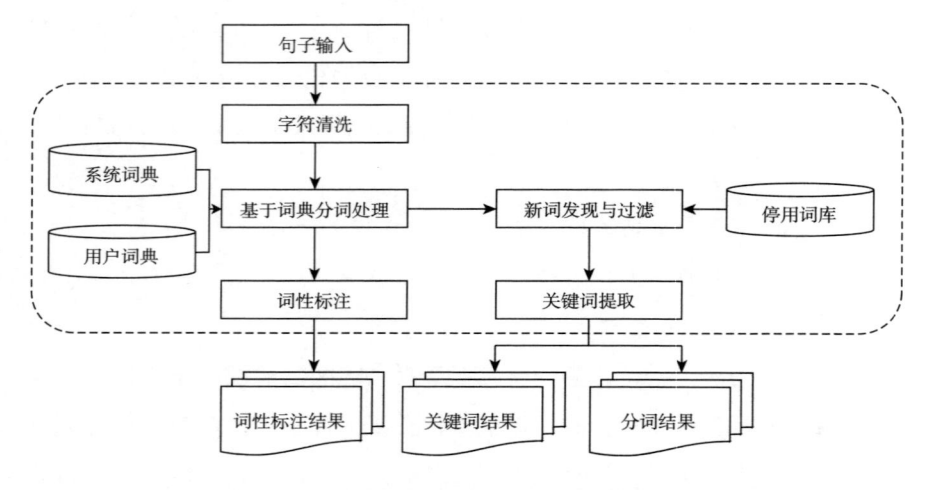

图 4-15 中文分词 jieba 库进行句子分词处理的工作流程
资料来源：笔者自制。

进行 jieba 分词处理的语料资源可以存储在文本文件中，也可以存储在数据库中，为了演示中文分词的过程，我们先进行单句的分词处理，代码如下：

#导入 jieba 库，如果提示未安装，请先执行命令 pip install jieba
import jieba
#变量 st 存储要进行分词处理的句子
st = "白天鹅在湖上游泳"
#参数 cut_all = True 表示使用全模式进行分词，即扫描所有可能的词语，但是不能解决歧义问题
seg_1 = jieba. cut（st, cut_all = True）
print（'全模式:', '/'. join（seg_1））
#参数 cut_all = False 表示使用精确模式进行分词，结合语义进

行分词，更加适合文本分析工作

  seg_2 = jieba.cut（st, cut_all = False）
  print（'精确模式：', '/'.join（seg_2））
  #cut_for_search（）用于进行搜索引擎模式分词，在精确模式基础上，切分长词以适用于搜索引擎
  seg_3 = jieba.cut_for_search（st）
  print（'搜索引擎模式：', '/'.join（seg_3））

这段代码的输出结果是：

  全模式：白天 | 白天鹅 | 天鹅 | 在 | 湖上 | 上游 | 游泳
  精确模式：白天鹅 | 在 | 湖上 | 游泳
  搜索引擎模式：白天 | 天鹅 | 白天鹅 | 在 | 湖上 | 游泳

  可以看出，三种分词模式的分词结果各不相同，通常精确模式兼顾了句法与语义的分析，所以输出结果更加适合常规的文本分析。

  在分词的同时，我们还可以使用 jieba 库提供的 extract_tags（）功能实现文本关键词提取和权重计算，如下面的代码所示：

  #关键词提取，即发现文本中出现的重要词汇
  import jieba.analyse
  #示例中的 tbt.txt 文件存储了《技术性贸易壁垒协定》全文
  st = open（"tbt.txt", 'r', encoding = "UTF - 8"）.read（）
  #基于 TF - IDF 算法的关键词提取
  #extract_tags（）的第一个参数为待提取的文本
  #topK 为待提取关键词的阈值，withWeight 为同时计算权重值
  res = jieba.analyse.extract_tags（st, topK = 10, withWeight = True）

113

```
for x in res：
    print ("关键词:%s\t权重值:%f" % (x[0], x[1]))
```

这段代码的输出结果见表4-4，表格中列出了《技术性贸易壁垒协定》全文中涉及的关键词以及对应的权重值，权重值越大说明关键词在全文中出现的频率越高。对文本关键词的提取，可以帮助我们快速分析和判断文本概况，以及进行全局性文本结构的观察。

表4-4 文本关键词提取和权重计算结果

关键词	权重值
成员	0.290405
本协定	0.156764
机构	0.144042
评定	0.142222
合格	0.118084
标准化	0.108345
技术	0.105479
法规	0.105108
程序	0.090895
标准	0.072137

资料来源：笔者自制。

词性是文本分析过程中词语基本的语法属性，也是词语和语义的关键性特征。中文词性的判断不能像英文似的通过单词形态的变化识别，且一词多词性的现象在中文中非常普遍，往往需要结合上下文对词语在句子中的位置进行判断。另外，对于词典中未登录词的词性识别同样是中文词性标注的难点。Python环境下的jieba库进行词性标注往往和分词的过程相结合，即在中文分词的结果上，同时进行词性标注，具体过程为：调用系统词典和用户词典进行语句划分操作，遍历语句并依据词典进行分词和词性标注处理，对于未登录词，使用隐马尔科夫模型处理。即先将句子生成"BEMS"形式的序列串作为输出，然后计算出不同词性对应的概率，BEMS 序列中的"B"代表该字是词语中的起始字，"M"代表词语中的中间字，"E"代表词语中的结束字，"S"则代表单字成词。然后使用 Viterbi 算法[①]得到起始概率、发出概率和转换概率，将观测序列（分词后的句子）转化为隐性序列（词性标注序列），实现构建隐马尔科夫序列的操作，并选择其中遍历权重最高的路径，这样就完成了对未登录词的词性标注。

下面是利用 jieba 库进行句子词性标注的代码示例：

```
import jieba.posseg
#利用 posseg.cut() 在分词的同时进行词性标注
res = jieba.posseg.cut("中国和世界加强长期经济合作")
for word, flag in res:
    print(word,"\\t",flag)
```

这段代码的输出结果为：

中国 ns
和 c
世界 n
加强 v
长期 d

[①] Viterbi 算法解决的是有固定起止点的情况下寻找最短路径的问题，在起止点间存在按序列形式组织的多列中间节点，每列中间节点的数量可以不一样但中间节点只能与相邻列的节点连接，节点的连接有不同的路径取值。Viterbi 算法的目的就是在有向图序列上寻找从起点到终点的最短路径解。

经济 n

合作 vn

利用 jieba 库完成的词性标注标签含义见表 4-5。

表 4-5 jieba 库词性标注结果的标签含义

标签	含义	标签	含义	标签	含义	标签	含义
n	普通名词	f	方位名词	s	处所名词	t	时间
nr	人名	ns	地名	nt	机构名	nw	作品名
nz	其他专名	v	普通动词	vd	动副词	vn	名动词
a	形容词	ad	副形词	an	名形词	d	副词
m	数量词	q	量词	r	代词	p	介词
c	连词	u	助词	xc	其他虚词	w	标点符号
PER	人名	LOC	地名	ORG	机构名	TIME	时间

资料来源: https://github.com/fxsjy/jieba。

上面介绍了智能分词技术在中文文本中的实现过程,相较于英文,中文的特殊性使得分词以及词性标注的操作难度更大。智能分词技术的实现,深度依赖对目标语言用语习惯的了解,以及大规模语料库资源的建立,而在不同语种的文本分析处理上,实现思路和方法的差异并不大,因此结合语言特色进行针对性设计,不同语言文本的分词处理和词性标注工作都可以利用计算机自动处理完成。

第五节 语料资源的大数据采集和存储技术

语料库应用价值挖掘的重要基础就是语料资源的丰富程度,通常情况下,语料的数量越多,覆盖的语言环境越丰富、多样,语料资源的数据价值就会越高,因此在语料库构建过程中,我们都会在时间、资金、技术等条件允许的情况下，尽可能多采集和存储语料资源。

一 语料资源的大数据采集

1. 传统语料资源采集

语料资源采集是语料库建设的基础，同时语料资源的质量直接影响了语料库建设的质量，特别是语料库构建有着明确的应用场景时，语料资源的采集一定要与目标场景的需要相匹配，否则就会使语料库的应用价值大打折扣。早期语料资源的采集较多依赖人工采集和识别，语料往往只能从有限的文本资源中获取。例如美国就职演说语料库收录了39位美国总统发表的正式就职演说，尽管该语料库的总量不大，但是由于语料资源的指向性非常明显，所以对研究美国总统演说用词，以及研究演说主题词变化趋势都是很好的范本（罗建平，2011）。传统语料库构建过程中，由于语料采集受各种条件的限制，语料往往根据研究需要进行针对性选择，且语料采集过程中人工识别扮演重要的角色，一方面较多的人工辅助使语料资源质量可以得到保证，但是另一方面过多的人工干预使语料库规模和覆盖面较为有限。因此，依赖人工辅助的传统语料资源采集仍有存在的必要，但是随着大数据时代的来临，语料库应用领域越发广阔，需要更加先进的语料资源采集技术，构建适用性更好的语料库平台。

2. 大数据语料资源采集

所谓大数据，从字面上理解就是数据量或数据规模庞大，但是大数据规模并没有科学意义上的准确界定，不能简单地以数据量的多少评价大数据质量的优劣。实际上，大数据更多的是一种现代社会对数据价值的理性认识，随着数字技术在人们日常生活中的不断渗透，数字的价值越发引起政府和企业的重视，数据驱动带来的社会进步成为大数据技术最重要的价值。

语料库本质上是对客观存在的语言体系和应用场景的反映，理论上几乎所有可以用文字或语音表达的内容都可以作为语料资源，而海量语料资源带来的好处显而易见，无论是自然语言处理，还是机器学习模型的构建，无一不依靠大数据的支持，因此基于大数据的语料资源采集成为现代语料库构建的重要基础。大数据语料资源的采集过程，最重要的环节就是语料资源的自动采集，即无论是文本形式还是语音形式的语料资源，都要依靠数字技术实现语料资源的自动采集和处理。而互联网环境的普及，使语料资源的大数据采集得以实现。例如美国当代英语语料库中就包含了规模达到 10 亿词的语料资源，内容涵盖 1990 年以来的演说、小说、杂志、报纸、播客、影视字幕等不同领域，且其语料资源仍在不断更新。① 这种规模的语料库，使用传统的人工采集的方式是难以实现的，海量语料资源的获取主要通过编写、运行网络爬虫②等在内的计算机程序完成。

  网络爬虫可以快速获取海量的语料资源，同时可以尽可能保证语料资源的质量，即使是大数据采集技术构建的语料库，在数据获取过程中也需要针对性地选择采集网站的类型，例如官方新闻网站的语料资源质量就要高于个人博客或论坛中，因此语料来源的选取是大数据采集过程中需要着重考虑的因素。网络爬虫程序的编写本质上就是通过计算机模拟人们浏览网页的过程，这一过程中需要解决的问题包括：爬虫调度安排、分布式数据处理、目标站点选取、数据传输与存储等。具体的爬虫程序设计思路和流程见图 4 - 16。

  爬虫程序可以批量、快速地获取海量数据，但是在实际的程序开发

---

① COCA 语料库中的内容在不断更新，通过网站 https://www.english-corpora.org/coca/ 可以下载更新的语料库资源包。
② 网络爬虫又称为蜘蛛程序，是人为编写的网络数据探测程序，通过计算机模拟浏览网页和获取数据操作，实现遍历网页资源的目的，像百度这类搜索引擎网站就是网络爬虫程序最为典型的应用场景。网络爬虫由于完全依赖互联网和计算机自动执行，因此数据采集效率非常高，且这一过程不需要人工干预，因此网络爬虫也是互联网中海量数据获取的主要手段。

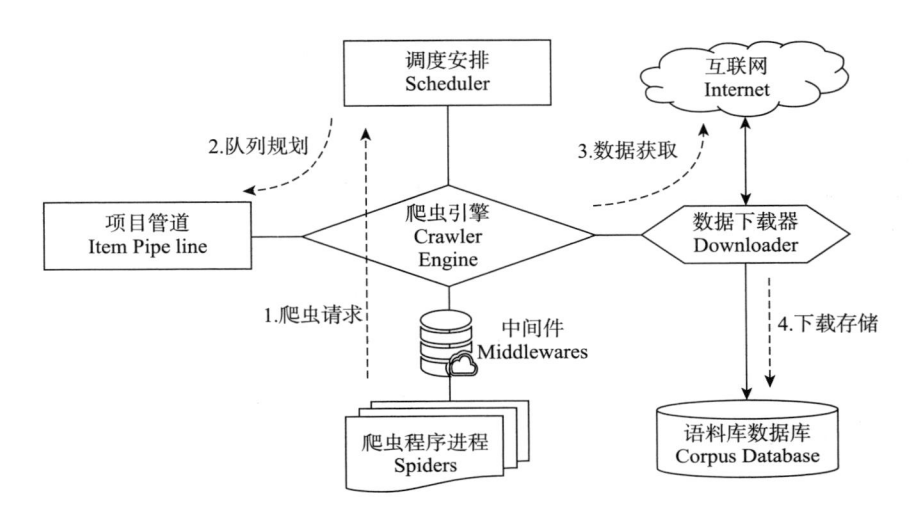

第四章 多语种语料库的建设及关键技术

图 4-16 典型爬虫程序设计框架
资料来源：笔者自制。

过程中，还需要面对大多数网站的反爬虫机制①，这是自动获取语料资源数据时遇到的最主要的问题。因此，在进行爬虫程序开发时，设计并行采集程序、构建代理 IP 地址池、设置计划时间段或时间间隔采集等，是必不可少的部分。

二　大数据支持的语料库存储技术

1. 数据的自动清洗

大数据采集技术可以在短时间获取海量的语料资源，但会带来一个问题，就是采集到的数据可能包含大量的非法或无关信息，如无效字符、转义字符、垃圾文字等，因此需要在采集数据的同时进行数据清洗

---

① 互联网中的数据具有巨大的潜在价值，且爬虫的过程也会影响网络的畅通和网络服务器的稳定运行，因此大部分网站都会专门针对爬虫程序设计反爬虫机制，即通过设计网页数据获取的策略，发现不符合日常人工浏览习惯的异常操作，这些异常操作通常就是爬虫程序造成的，并对这些异常操作的来源进行相应的反爬虫处理，如禁用 IP 地址的访问、限制网络流量等手段。

119

（Data Cleaning）工作，即在采集数据时进行数据内容的检查，删除存在问题的数据（如可能存在的垃圾字符）或按照一定规则校正数据（如统一全角半角字符）。

  数据自动清洗过程中存在问题的数据被称为脏数据，互联网开放共享的特性使数据采集过程无法避免脏数据，脏数据的存在会对后续的数据分析过程带来灾难性的影响，因此数据清洗操作必不可少，甚至在整个数据采集过程中会有70%到80%的时间和精力都要放到对数据清洗的过程中。数据清洗通常与数据采集过程同步进行，我们可以先对目标采集对象进行预采集操作，例如对预采集的语料资源网站先初步采集一定数量或类型的数据，然后通过人工分析的方法发掘预采集数据中存在的脏数据类型，常见的脏数据包括以下六类。

  （1）空值。空值在数据采集过程中难以避免，空值的出现可能是由于采集对象本身没有数据，也可能是网络环境不稳定，对空值的处理通常是将其填充为统一的空值标志，如NULL。

  （2）连续的空格。网页文本为了便于排版，通常会出现连续的空格，连续的空格本身对数据分析没有危害，但是会浪费存储空间，因此可以将连续空格转化为单一空格。

  （3）全角字母。非英语网页中由于字符集编码的差异，可能会存在全角形式显示的拉丁字母，尽管最终显示的字母与半角字符一样，但是在计算机系统内部全角字符与半角字符是完全不同的符号，因此全角字母通常被统一转换为对应的半角字母。

  （4）表情符号。互联网发展的同时带来了网络用语的增加，特别是表情符号，这类符号主要由标点等组成，但是却表达了不同的含义，对于表情符号的处理需要根据语料库具体的应用场景进行取舍，进行简单的处理可以直接过滤掉，若进行复杂的处理则需要识别表情符号的范围，并将其作为整体对象来处理。

  （5）乱码字符。在多语种语料资源的数据采集过程中，最难以处理的脏数据就是乱码形式的字符，这类字符出现的原因有多种可能，一方面不同语言的字符编码集难以兼容，如果出现字符编码格式识别错误就会产生乱码，另一方面有的网站在设计过程中为了防止网页数据被第三方采集，会主动在文本段落间插入大量不显示的乱码字符，这种情况进行数据自动清洗会非常困难，通常只能放弃采集到的数据选择其他语料来源进行采集工作。

（6）拼写错误。拼写错误是输入文本过程中难以避免的问题，不同语种的语料资源中都普遍存在，拼写错误的处理需要预先建立对应语种的字典或词典，当发现未知词时，通过模糊匹配算法自动判断是拼写错误还是新增词。

数据清洗的过程除了进行对脏数据的处理，还要完成数据的预处理，并将其存储到数据库中，为后续的数据分析打下基础，具体的数据自动清洗过程见图4-17。

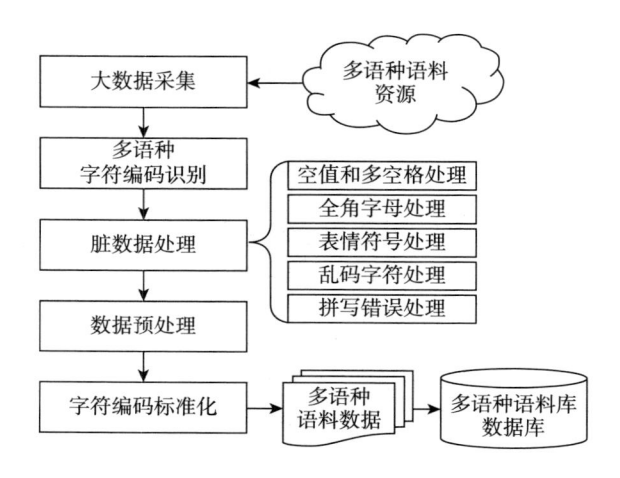

图4-17 数据自动清洗流程

资料来源：笔者自制。

数据清洗主要通过计算机自动完成，例如Python中的pandas库就提供了大量的函数用于进行数据清洗工作，pandas库在使用前需要先将数据集设置为DataFrame()对象，表4-6简要列出了pandas库中常用的数据清洗函数。

表4-6 pandas库中常用的数据清洗函数

函数名	作用
isnull()	查找空值（缺失值）
lower()	将字符强制转换为小写字母
upper()	将字符强制转换为大写字母
strip()	删除字符串中的空格
lstrip()	删除字符串左侧空格
rlstrip()	删除字符串右侧空格
repeat()	查找重复值
normalize()	将字符串转换为Unicode规范编码
replace()	利用正则表达式进行字符替换

资料来源：笔者自制。

2. 非结构化存储技术

计算机能够处理的数据分为结构化数据和非结构化数据，结构化数据在传统数据库技术中更为常见，指的是具有一定模式结构的数据集，通常结构化数据有固定的键值和索引值，且不同键值的数据类型固定存在，如日常生活中常见的Excel表格就是一种典型的结构化数据。非结构化数据与结构化数据相反，不仅没有固定的模式结构，以及固定的键值和索引值，非结构化数据的数据类型也更加多样，不仅可以有数字、字符等常规数据类型，还可以有图片、音频、视频、文档等直接进行二进制编码的数据，如网络中的流媒体数据就是一种常见的非结构化数据。

与结构化数据和非结构化数据相对应的，就是结构化存储技术和非结构化存储技术。结构化存储技术的典型代表是传统的计算机数据库技术，例如以SQL[①]数据库为代表的关系数据库平台使用的就是大型的结

---

① SQL（Structured Query Language），即结构化查询语言，是专门用于结构化数据库操作的一种高级程序设计语言，也是关系数据库构建和使用的基础语言。

构化存储技术，SQL 数据库通常以"数据库→表→索引和键值"的结构存储数据，在使用过程中，数据结构不能轻易地发生改变。随着大数据时代的到来，海量数据处理的需求不断增加，这里的海量不仅指数量上的庞大，同时也指数据类型上的多样，文本、声音、视频、文档等形式的信息都成为大数据处理的对象，传统的结构化存储技术在存储空间和处理能力上都难以满足大数据处理的需要，因此近些年非结构化存储技术取得了更快的发展，应用的场景也更加多样。

3. 大数据存储系统

从非结构化存储技术衍生而来的是非结构化数据库平台，其主要解决大规模数据并发和多样化数据结构处理的问题。非结构化数据库也被称为 NoSQL 数据库，即非 SQL 数据库。非结构化数据库技术还在不断发展过程中，现阶段大致可以分为以下四种类型。

（1）键值数据库（Key-Value）。起源于亚马逊公司开发的 Dynamo 系统，键值数据库使用哈希表[①]作为数据库的基本结构，哈希表中的键（Key）用来定位数据库中的每一个值（Value），数据的检索和修改都通过哈希表实现，而值可以用来存储任意类型的数据，包括数字、文本、对象等。

（2）列式数据库。起源于谷歌公司的 Big Table 数据库，数据模型可以看作一个每行列数可变的数据表，键在列式数据库中仍然存在，但是键可以指向多个列，这些列是由列家族来安排的。列式数据库能够在其他列不受影响的情况下插入删除列，但是如果要添加新的记录就需要访问整个表，所以传统的结构化数据库比列式数据库更适合需要频繁修改记录的联机事务处理，列式数据库更适合执行对数据进行分析的操作，如对海量数据的汇总计算等。另外，列式数据库存储数据的特点，使得列式数据库更适合采用分布式存储技术来保存海量数据。

[①] 哈希表（Hashtable），也称散列表。在哈希表中可以通过关键值（Key value）实现对数据结构的直接访问，"哈希"既是一种存储结构，又是一种查找方法。

（3）文档数据库。文档数据库是键值数据库的一种衍生形式，在文档数据库中键链接或定位的是一个个文档，文档数据库不仅可以按键进行检索，也可以按照具体内容进行检索。文档数据库适合以文档形式保存具体的数据，文档的具体格式、加密方式、组织形式等都更加灵活，不用受到结构化数据库的种种限制。

（4）图形数据库。图形数据库以图论为理论基础，即以顶点和相互间的连接构成整个对象集合，图形数据库强调的是顶点间的关联，因此特别适合社会网络、相关度分析、路径推荐、智能决策等分析的需要。图形数据库不仅可以用于存储数据对象，而且结合图论的相关知识，可以计算图形密度、中心度、离心度、最优路径等指标。

非结构化数据库系统的代表包括 MongoDB、CouchDB、TigerGraph 等，不同的非结构化数据库处理不同类型的非结构化数据时有所不同，可以根据实际需要进行选取。以 MongoDB 数据库为例，MongoDB 是基于分布式文件存储的数据库，因此 MongoDB 数据库可以存储于互联网的不同存储环境中，能够与大数据处理的需求相匹配。MongoDB 数据库将数据存储为文档的形式，数据结构由键值（Key --> Value）配对组成，存储的文档类似于 JSON 对象的数据结构。

MongoDB 数据库的安装程序可以从 www.mongodb.com 网站下载，安装成功后可以在安装文件夹中找到 bin 目录下的 mongo.exe 程序运行数据库配置界面，输入命令 show dbs 可以浏览当前服务器安装的数据库，如图 4-18 显示的是默认安装选项下 MongoDB 系统中自带的数据库。

在配置界面中可以通过如下命令修改 MongoDB 服务器的存储位置：

$C:\backslash\backslash\ Program\ Files\backslash\backslash\ mongodb\backslash\backslash\ server\backslash\backslash\ 4.4\backslash\backslash\ bin\backslash\backslash\ mongod\ --dbpath\ C:\backslash\backslash\ database$

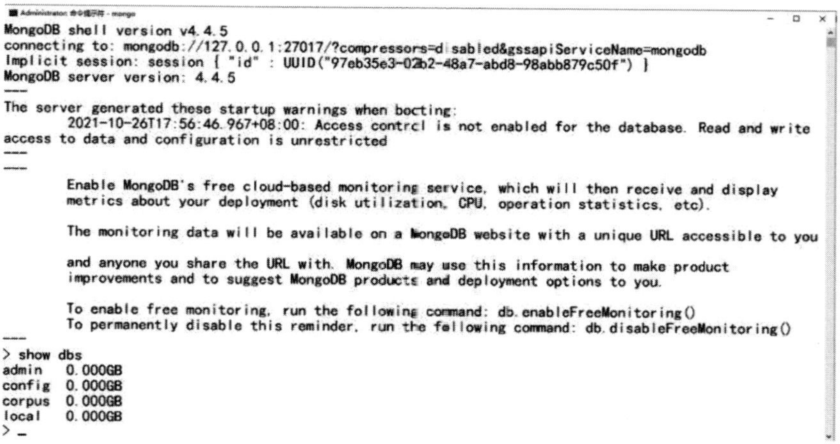

图4-18 MongoDB的数据库配置界面

资料来源：笔者自制。

其中"$C:\backslash\backslash Program\ Files\backslash\backslash mongodb\backslash\backslash server\backslash\backslash 4.4\backslash\backslash bin$"为数据库默认安装的文件夹，"$C:\backslash\backslash database$"为创建的数据库存储的位置。

MongoDB安装成功后，可以通过命令 use Database_Name 创建数据库以及使用命令 db.createCollection（Collection_Name, options）来创建数据集（MongoDB中的数据集类似于传统数据库中的数据表），其中的Collection_Name为创建的数据集名称，options则为可选参数，包括指定数据集的最大字节数 size、数据集中文档最大数 max，以及创建自动覆盖的固定集合 capped。

MongoDB是基于文档的非结构化数据库，命令 db.Collection_Name.insert（）、db.collection.update（）和 db.Collection_Name.remove（）则分别用来在数据集 Collection_Name 中插入、修改和删除文档，而命令 db.Collection_Name.find（Query, Projection）则帮助我们对存储文档进行检索，其中 Query 为可选参数，表示指定的查询条件，Projection 为可选参数，表示查询时返回文档中所有的键值结果。例如命令：

$$db.english.find(\{"word":"business"\})$$

该命令返回的结果是数据集 english 中键"word"中值为"business"的结果。

MongoDB 数据库基于文档存储数据,提供了进行文档全文检索[①]的功能,通过命令 $db.adminCommand$ ($\{setParameter: true, textSearchEnabled: true\}$) 即可开启数据库 db 的全文检索服务。全文检索服务对于语料资源的分析非常重要,MongoDB 官方文档中提到其全文检索服务支持 15 种不同的语言,这为多语种语料库中语料价值的分析与挖掘带来了很大的便利。

第六节 多语种语料库信息检索及可视化呈现

一 语料信息检索

语料信息检索是语料库系统的重要应用之一,语料信息检索的主要作用就是在海量语料资源中快速找到用户需要的信息。要进行有效的语料信息检索,首先,要将语料资源按照规范的方式组织和存储,形成标准化的语料库数据库;其次,利用数据库检索技术,根据用户设定的检索条件从语料库中快速检索到相关信息。信息检索最早提出于 20 世纪 50 年代,由于早期互联网还未普及,计算机环境下的数据量总体上不大,信息检索通常在编目和索引的基础上实现。进入 20 世纪 90 年代,互联网的出现带来了信息"大爆炸",以搜索引擎为代表的网络信息检索平台出现,信息检索的重要性越发明显,人们在海量数据中越发依赖于信息检索工具的效率。多语种语料库可以看成海量信息的集合,同时多语种语料资源间有着明确的指向或连接,特别是在平行语料库中,连

---

① MongoDB 的文档全文检索功能需要 2.4.1 以上版本。

接的作用更加明显，以大数据为基础的多语种语料库中的语料资源不仅规模庞大，而且语料内容是动态变化、不断更新的，因此多语种语料库中语料信息的检索在强调准确性的同时，也要求检索过程的动态性和实时性。

语料信息检索包括"存"与"取"两个方面，对语料信息进行采集、分词、词性标注、分类组织等过程是语料信息的"存"。按照指定查询条件从语料库中找出用户所需信息或获取其关联信息的过程是"取"。传统的信息检索的基本原理是将用户输入的检索关键词与数据库中的索引列数据进行对比，当二者匹配成功时则检索成功。在非结构化数据库中，基于文档的全文检索更加适合语料资源的挖掘，例如在 MongoDB 中先创建全文索引，使用的语句如下：

$$db.collection.createIndex(keys, options)$$

其中 collection 为数据库中的具体数据集名称，keys 为要创建的全文索引字段，用字典型数据表示，options 为 1 表示升序，-1 表示降序，建立全文索引的效果如图 4-19 所示。

图 4-19　MongoDB 中创建全文索引
资料来源：笔者自制。

当我们进行全文检索时，直接在 find () 命令中使用 $text 和 $search 关键字即可，其中 $text 表示进行全文检索，$search 表示要

多语种语料库的应用价值研究

检索的关键词,下面语句即在 english 数据集中全文检索关键词"Hanari Carnes",最终的检索效果见图 4-20。

db. english. find({" $ text": {" $ search":" Hanari Carnes"}})

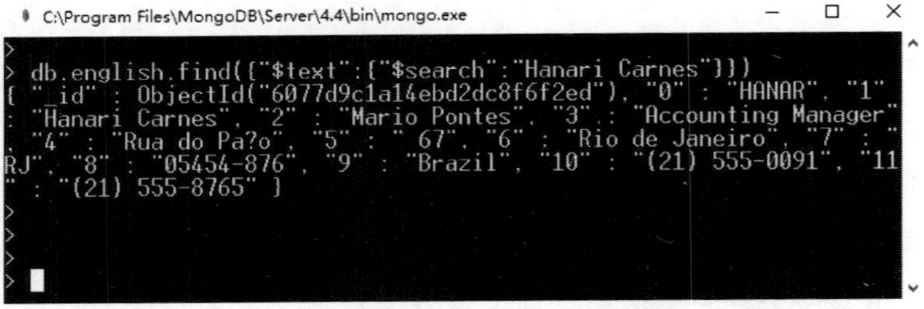

图 4-20　MongoDB 进行全文检索的结果显示
资料来源:笔者自制。

除了直接对数据库进行检索操作,我们也可以利用各种检索工具实现语料数据的图形化检索,例如 BCC 语料库,就提供了在线语料信息检索和图形化呈现服务。我们可以在浏览器中输入网址 http://bcc.blcu.edu.cn/,然后输入搜索关键词完成语料库的检索并生成交互式图表。例如在 BCC 网站中选择"历时检索"按钮,并在输入框中输入检索关键词"v 智能 n",关键词中的"v"代表动词,"n"代表名词,即检索词语"智能"且词语前面是动词,后面是名词的结果。图 4-21 显示的是历时检索的具体结果,利用历史检索可以从时间维度上直观地浏览检索词的出现频率和演变规律,这对于观察语料资源的变化非常有帮助。

点击柱形图中的具体数值可以自动跳转到按年度划分的详细结果列表,便于我们进一步观察和分析检索结果的特征,图 4-22 显示的是 2015 年度相关检索结果的详细列表。

语料信息检索是我们进行语料库应用价值挖掘的基础,只有快速准确地发掘语料库中的数据信息,才可以进一步实现对语料资源潜在价值

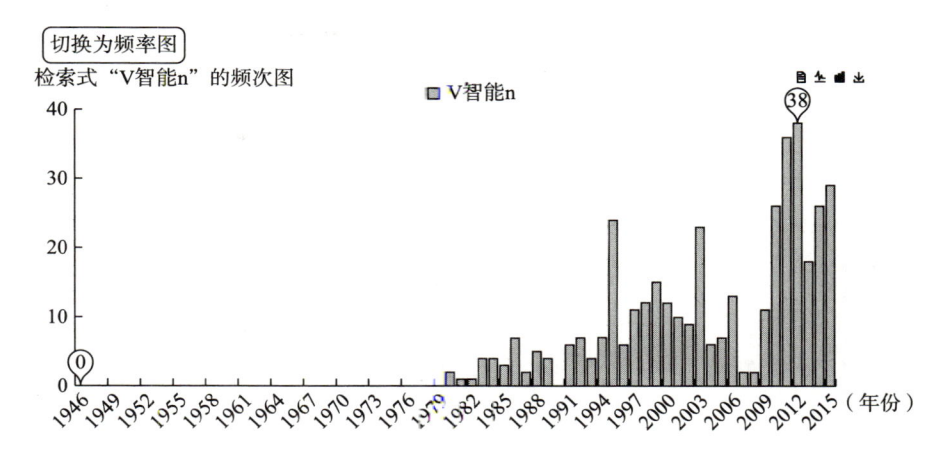

第四章 多语种语料库的建设及关键技术

图 4-21 BCC 网站中历时检索结果的可视化呈现

资料来源：http://bcc.blcu.edu.cn/hc。

图 4-22 BCC 网站中显示的历时检索详细数据

资料来源：http://bcc.blcu.edu.cn/hc/search/7/v%E6%99%BA%E8%83%BDn。

的探究。互联网是现代社会人们获取信息的主要来源，也是人们分享个人感受的重要途径，互联网中不仅存在海量的信息，而且其实时、动态、多元的更新特性，使得传统分析模式越发难以跟上节奏。云计算和大数据技术不仅带来了数据存储和检索的变革，也给人们日常生活和工作带来了便利，带来了分析数据和思考问题等行为习惯的改变。在语料信息自动检索的基础上，我们还将对语料资源进行更进一步的可视化呈

129

现，通过传统数据分析技术与创新型可视化技术的结合，实现对语料库应用价值的进一步挖掘和实现。

二 可视化技术

可视化也称为数据可视化（Data Visualization），是利用计算机图形图像处理技术，将抽象化的数据转换成具象化的图形或图像，并在数字屏幕上显示出来，同时可以进行用户交互操作的一项技术。可视化技术一直伴随计算机技术的发展，从最早期的数字计算机开始，研究人员就尝试利用图形化呈现的方式帮助人们理解计算机运行的状态，作为典型的可视化技术应用，以图形用户接口（Graphical User Interface）为代表的 Windows 操作系统，就对计算机在日常生活中的普及起到了至关重要的作用。我们现在所说的数据可视化，更多的是强调大数据背景，特别是随着海量数据的出现，传统的表格化数据呈现方式不仅难以直观展现在显示设备上，更难以被研究人员观察和分析。

数据可视化技术的出现为人们掌握数据提供了一种更加直观、全面的视角，特别是在大数据环境中，可视化技术展现的优势无可替代。但同时要注意，从数据分析的视角来看，无论是大数据还是可视化，都只是我们在进行数据分析过程中使用的一种更加高效、先进的手段，而不能成为数据分析的目的，数据分析的最终目的是真正挖掘数据自身反映的规律和背后潜藏的价值，而对大数据应用价值挖掘的最终判断还是要由作为主体的人独立或者在人工智能的辅助下完成。

近些年数据可视化技术的研究离不开大数据环境的支持，其发展也是与大数据技术的进步相辅相成的。数据可视化早期技术以静态单图表为主要形式，常见的图表类型包括柱形图、条形图、散点图等，典型的可视化软件包括使用微软 Excel 电子表格工具制作的图表。互联网的发展和人们对数据可视化观测需求的不断提高，使得交互式图表、复合型图表等技术不断出现，计算机系统不仅可以实时显示可视化图表，而且可以通过交互式操作实现与数据的互动，更多适合大数据呈现的图表类型涌现出来，以 Python 环境下的第三方可视化库 plotly 为例，其可以根据不同的场景需要绘制数百种不同类型的图表，甚至包括 3D 图和动态图，如图 4-23 显示的就是 plotly 绘制的人工智能和机器学习领域的图片。

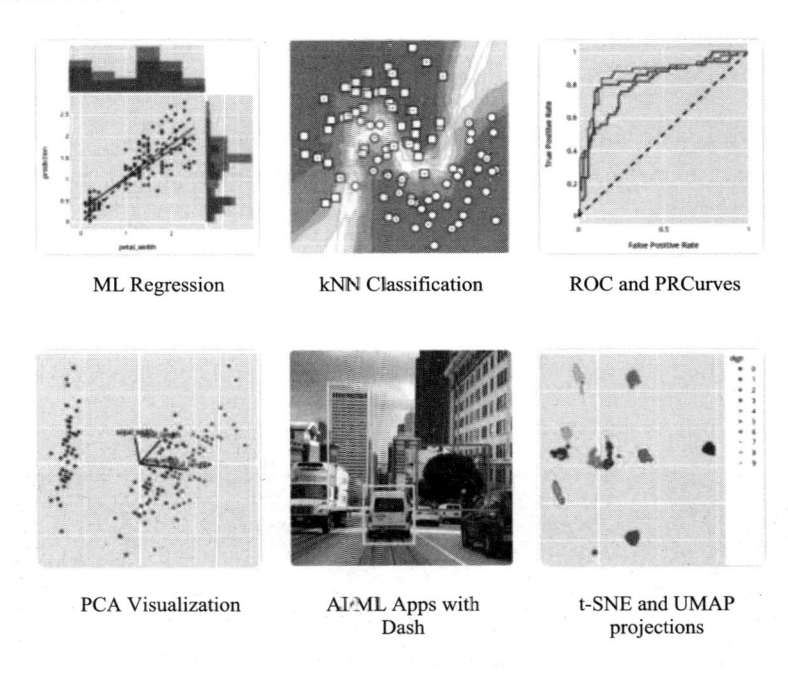

图 4-23 plotly 绘制的人工智能和机器学习类图片
资料来源：https://plotly.com/python/ai-ml/。

数据可视化的呈现依赖终端显示环境的支持，近些年"数据大屏"概念出现并不断受到各行业的重视，成为数据可视化技术发展的一大亮点。"数据大屏"本身并不是一项创新型技术，而是一种数据展示空间和数据呈现理念的创新，即通过大尺寸或超大尺寸计算机屏幕，将多种数据可视化图表分区域展示在同一块屏幕中，图表数据通常会实时更新，使用户可以在一块屏幕中对待分析的大数据进行整体性观察。"数据大屏"通常将不同数据源以及不同类型的图表设计为组件的形式，这使得"数据大屏"在实际运行过程中可以根据需要进行自由组合，是其在商业领域和科学研究中越来越受到重视的因素之一。"数据大屏"强调的是在数据呈现和视觉感知层面进行优化，解决的是数据多样化带来海量数据观测的困难和注意力分散的问题，避免了多元化的数据图表给用户造成的迷茫感。"数据大屏"在设计过程中需要注意与目标客户和应用场景的衔接，呈现效果需要考虑与周边环境的协调一致，字体、颜色、图表类型、交互方式等都是设计过程中要着重考虑的问题，特别要避免为了炫丽的展示效果而堆砌杂乱无章的图表，最终呈现效果的清晰、准确，特别是关键数据的有效呈现才是最需要考虑的问题。"数据大屏"的实际开发工作，通常会经历排版设计、配色方案、装饰点缀、动态效果呈现等几个阶段。图4-24展示的是国内知名的大数据可视化公司帆软推出的Fine Report系统的"数据大屏"效果示例，在实际的开发案例中，"数据大屏"通常会以动画的形式呈现数据的动态变化，是一种非常有效的数据呈现手段。

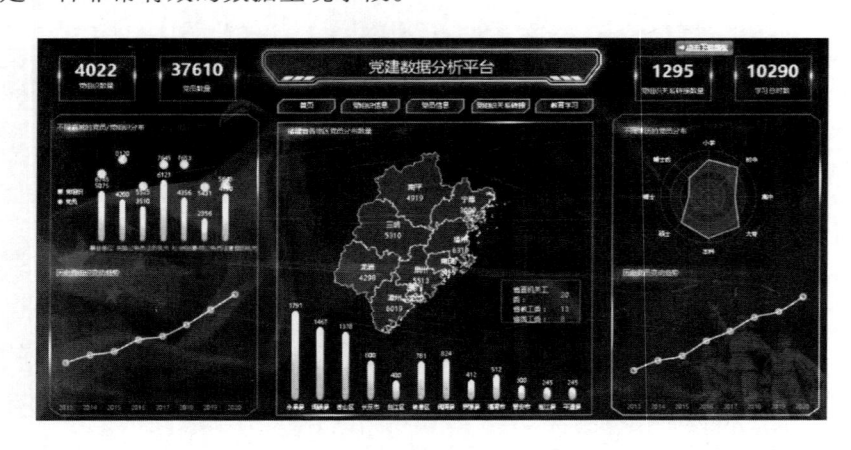

图4-24 数据大屏展示效果示例
资料来源：https://finemaxdemo.fanruan.com。

数据可视化面临的最大挑战是大规模数据的有效呈现，特别是区别于传统可视化形式提出创新性的呈现维度，来帮助人们从不同视角分析大规模、高维度、多来源、动态化的数据信息，并辅助做出有价值的决策。

对于多语种语料库的应用价值挖掘，数据可视化技术可以从多个角度针对性地展开，例如词云分析、语义网络分析、主题建模等。

词云分析是最为常见的一种语料库文本分析技术，词云的构建主要依据词频统计或是字母排列，用不同大小的文字代表词语重要程度的高低，特别适合于文本内容分析、社会网络标签呈现等领域（唐家渝、孙茂松，2013）。词云这一概念由美国西北大学新闻学副教授里奇·戈登（Rich Gordon）提出，利用可视化呈现的词云，人们可以了解文本的大体内容和组成框架，对于快速进行海量文本分析有非常重要的作用。

语义网络分析是以文本语义关系为基础，利用社会网络模型为呈现依据，将可视化技术应用于展现和解释海量文本关系的一种分析方法（谷羽，2019）。语义网络分析以文本主题词（关键词）识别、词语共现网络构建、词语聚类及中心性识别等技术为基础，主要应用于海量文本的语义网络聚类及相关度分析、文本信息的情感挖掘等领域的研究。

主题建模是在语义网络分析的基础上，通过识别抽象化的主题特征词的概率分布，以可视化方式实现海量文本主题识别的技术（易红发，2020）。主题建模实现的基本原则有两个，一是文本由不同的主题构成，二是主题由不同的特征词组成。主题识别不同于词频统计，其需要借助机器学习技术，通过无监督学习文本分类模型，发现文本中自然形成的词语群组，最终实现主题识别和可视化呈现。

三 语料库的可视化案例

1. 词频统计与词云

词云是进行语料库文本分析最为常见也是最为有效的一种可视化手段，词云构建的过程包括语料读取、文本分词、词频统计、停用词识别、词云生成等步骤，以 Python 中的词云分析效果为例，我们简要介绍一下词云的生成过程。

Python 提供了第三方库 jieba 和 wordcloud 用于完成分词和生成词云，简要的词云生成代码如下：

```python
#请先使用命令 pip install wordcloud 安装词云生成库
import wordcloud
import jieba
import imageio
#读取蒙版图片
bg = imageio.imread('mask.jpg')
#读取存储在 txt 文件中的停用词列表
f = open("SperateWords.txt","r",encoding="utf-8")
spew = f.read()
f.close()
#读取语料文本
f = open("corpus.txt","r",encoding="utf-8")
corw = f.read()
f.close()
#利用 jieba 库进行中文分词，以空格为分隔符
final_text = " ".join(jieba.lcut(corw))
#设置词云生成的属性
#stopwords 指定停用词，mask 指定蒙版图片，font_path 指定使用字体
res = wordcloud.WordCloud(width=1024, height=768, collocations=False, \\
             min_font_size=20, max_font_size=200, font_step=10, \\
```

$$max\_words = 100, background\_color = "\#ffffff", \backslash\backslash$$
$$font\_path = "KaiTi.ttf", stopwords = corw,$$
$$mask = bg, \backslash\backslash$$
$$prefer\_horizontal = 0.9, mode = 'RGBA')$$

#调用 generate() 方法生成词云

res.generate(final_text)

#导出词云图片

res.to_file("result.png")

上述代码中的"corpus.txt"存储的是一段语料资源，最终的词云生成效果见图4-25，其中图4-25（a）为未使用蒙版图片生成的默认词云效果，图4-25（b）为使用蒙版图片后生成的更加个性化的词云效果。

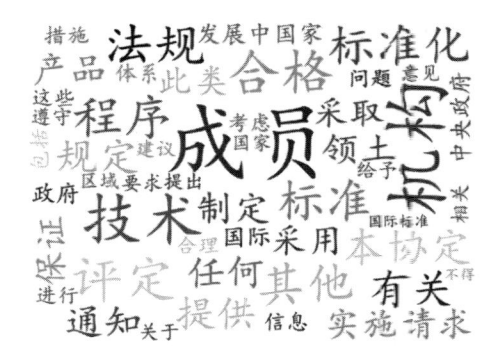

（a）未使用蒙版生成的词云　　　　（b）使用蒙版图片生成的词云

图4-25　词云可视化效果

资料来源：笔者自制。

利用词云图可以更加直观、快速地判断所选语料资源的关键词构成，例如成员、机构、评定、技术、标准化、法规等词是所选语料资源中出现频率较高的词，另外，词云图可以帮助我们从整体上掌握所选语料资源的组成和特征。

2. 构建语义网络

语义网络的构建可以让我们在了解语料资源特征词构成的基础上，进一步发掘词语之间的相互关联。语义网络的构建涉及词向量（Word vector）的概念，即将抽象化的文本词汇转换为量化数值的形式，通过嵌入向量空间实现语义识别和语义网络的构建。以 Word2vec 模型为例，该模型即是通过无监督学习文本产生词向量，其中包括 CBOW（Continous Bag Of Words）和 Skip – Gram 两种模型。CBOW 模型的原理是利用一个词的上下文预测当前词出现的概率，上下文所有的词对当前词出现概率的影响权重一样，且与上下文词的顺序无关。Skip-Gram 模型允许过滤掉文本中对语义影响不大的词汇，并通过语料的扩展提高训练的准确度，找到能够反映文本真实含义的词向量（熊富林等，2015）。

```
#请先使用命令 pip install gensim，Gensim 能够实现无监督的语义模型
from gensim.models import word2vec
import jieba
import pandas as pd
#读取语料库
f = open（"corpus.txt"，"r"，encoding = "utf – 8"）
raw = f.read（）
f.close（）
#构建 word2vec 用分词集
sentences = list（word2vec.LineSentence（raw））
#构建 word2vec 模型，min_count = 1 为模型包含出现频率大于等于 1 的词汇
model = word2vec.Word2Vec（sentences，min_count = 1）
```

#保存训练集

model. wv. save_word2vec_format（'word2vec. vector'）

代码运行成功后，会将生成的训练模型保存在文件 word2 vec. vector 中，以后再进行语义计算时可以直接调用训练模型以节省时间。训练模型完成后，即可进行词汇的语义计算，例如执行代码：

pd. Series（model. wv. most_similar（u"成员"））

查询与"成员"接近的词汇，结果以近似度的形式显示，且默认显示最接近的 10 个结果，如：

0　　（低于，0.36410054564476013）
1　　（详述，0.26585566997528076）
2　　（年末，0.23504947125911713）
3　　（证明，0.22424647212028503）
4　　（继续，0.21925435960292816）
5　　（省略，0.2186741679906845）
6　　（修改，0.21855026483535767）
7　　（例外，0.21638672053813934）
8　　（期限，0.2163221687078476）
9　　（期望，0.2159893810749054）

再比如执行代码：

pd. Series（model. wv. similarity（u"政府"，u"机构"））

将"政府"和"机构"这两个词在语料库中的相似度进行计算，结果为：

0   0.106256

相似度计算的结果越接近 1，这两个词的相关度越高，反之，相似度计算的结果越接近 -1，这两个词的相关度越低。

使用 Word2vec 训练得到的词向量通常有几十个维度，过多的维度导致观察非常困难，因此我们还需要将多维词向量进行降维操作，以便于可视化呈现。这里我们使用 t-SNE（t-distributed Stochastic Neighbor Embedding）技术进行词向量的降维操作，t-SNE 基于机器学习算法，把高维数据降到二维或三维空间，同时 t-SNE 可以呈现聚类的显示特征，更有利于我们对语料资源进行总结和分析。限于篇幅此处没有给出 t-SNE 算法实现的具体代码，图 4-26 显示的是进行 t-SNE 计算后语料

图 4-26　基于 t-SNE 算法的词向量降维及聚类显示效果
资料来源：笔者自制。

库词向量的降维和聚类显示效果,不同位置表现了词向量间的相互关系,通过观察不同数据点的聚集效果,可以判断词向量间关联的紧密程度。

在词向量降维的基础上,我们通过将词作为节点,词向量作为连接,就可以构建对应的语义网络图。所谓的语义网络图,主要就是由节点、连接和权重组成,节点为语料库分词后生成的词汇表,连接和权重则由 word2vec 算法计算的词向量得出,将最终的运算结果导入 Gephi 软件中即可生成语料库的语义关系图,图 4-27 显示的就是利用 Gephi 软件建立语义关系图并进行优化后的语义网络图效果。语义网络图对于我们直观地了解语料资源的聚类情况,以及发掘词向量间的层次和关系很有帮助,特别是在海量文本的情况下,语义网络分析是对传统人工分析的重要补充,甚至在一定程度上可以有效地替代人工语义分析。

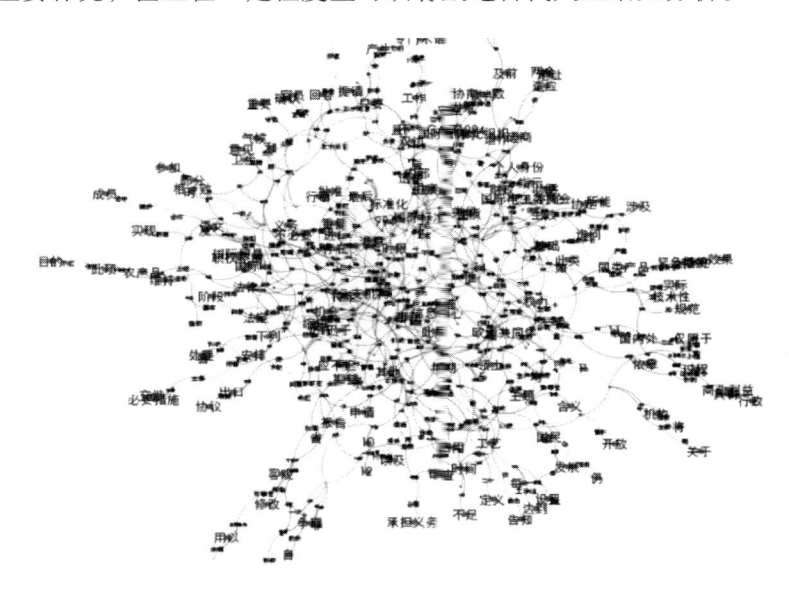

图 4-27　语料库生成的语义网络

注:图中不同的节点表示不同的聚类类别,节点标签文字的大小表示不同的连接度数。

资料来源:笔者自制。

第五章　语料库应用价值挖掘

　　多语种语料库应用价值的实现，离不开全球广泛且深厚的基础，这是其应用价值挖掘的必要条件。多语种语料库在不同领域中都有不同程度的需求，并呈现出明显增加的趋势，其拥有深层次的价值，实现应用价值的挖掘离不开以下几方面的基础。

　　生产生活高效化。目前全球，尤其是大型国际性都市中，生活节奏普遍加快，企业追求更高效的生产，家庭追求更便捷的生活方式。在这种思想的推动下，智能设备走入日常生活和工作中，并发挥不小的作用，但如何更广泛、深入地利用人工智能，使其为人类服务，是人类社会进步的一个长期课题。其中，如何使机器，或者通过机器使信息接收者正确理解发出者的语言、领悟发出者的思想，离不开多语种语料库。

　　经济与社会全球化。世界各国之间的交流成为大势所趋，除了经济贸易领域，文化领域、政治领域等层面的交流进程也在稳步加快。各国不再是独立的个体，你中有我、我中有你的格局将进一步打开，因此全面、深刻地了解其他国家，进行深入交流，已经是各国发展必须经历的过程。

　　语言和文化差异。语言和文化差异是全球化过程中必不可少的核心内容，只有保留这些差异，各国才能在全球化的浪潮中找寻自己的独特地位。但另一方面，这些差异给跨国、跨民族、跨文化的交流带来诸多不便，要实现充分交流、充分学习，语言和文化差异是必须攻克的难关。这也正是多语种语料库存在的基础，如果没有语言和文化差异，全球向同质化发展，多语种语料库就没有存在的必要。

商业探索智能化。在全球各个领域的交流中，经济领域是最为活跃的一个，具体表现为企业的跨国经营和智能化程度不断提高。以我国为例，就目前而言，国内经济发展和对外贸易仍然以市场为主体，企业的活跃促进市场经济的繁荣。国内企业目前表现出较强的开拓国际市场、创造更大商业价值的欲望，经济活动有力地促进了各个领域的商业探索。

技术发展不断飞跃。2020年全球5G网络已经进入普及阶段，中国在5G领域的发展处于世界领先水平。在可以预见的未来，6G网络将融入人们的生活。这意味着全球通信技术的发展进一步提速，大数据时代已经全面来临。只要是不以实体存在的事物，都可以转化为数据，在网络间快速传播，语言也不例外。目前世界各国对语言数据化的探索已经进入高速发展期，AI对语言的掌握水平已经达到一个全新的高度，势必会引发语言翻译领域的新一轮革命。

第一节　多语种语料库与版权服务贸易

一　关于版权服务贸易

版权服务贸易，也称版权贸易，是通过使用已有版权作品进行贸易的行为。它是由著作权持有者将自己对作品拥有的部分或全部经济权利（客体），通过许可、转让等方式授权给使用者而产生的，属于许可证贸易范畴，也是一种无形财产贸易。版权贸易是属于许可证贸易范畴内的一种基于版权经济权利的许可或转让过程中发生的贸易行为。

传统意义上，版权贸易的标的大多是绘画、工艺品、图书和影视类作品，这些标的凝结了较多的人类智力劳动成果，是人类智慧和民族文化的结晶，拥有独特性和不可复制性。随着时代的发展，人类科技不断进步，互联网通信技术发展迅速，大多数版权标的物转变了物质形态，开始在网络空间以抽象形式存在，并衍生出新的内容，例如游戏、VR、虚拟人物等，使得版权内涵更加丰富，版权贸易形式更加多样化。

多年以来，随着人们版权意识的兴起，版权贸易成为社会的热点话题，并在商业领域逐渐显现出巨大的探索空间。一是人们对已有版权的保护意识逐渐加强，各国或国际机构制定的法律法规形成了比较完善的保护体系，并随着时代不断改善。二是人们对于新生事物的版权保护意识在不断加强，或者说更注重新产品的专利权和进一步的使用权。三是人们对各种版权使用价值的认识加深了对版权价值的认识，版权的商业价值被不断挖掘，版权贸易越来越常见，版权在企业运作中起到越来越关键的作用。

以中国为例，根据中国版权局统计的数据，2019年中国版权产业的行业增加值为7.32万亿元，比2018年增长10.34%；占GDP的比重达到7.39%，比上年提高0.02个百分点。中国版权产业在国民经济中的比重稳步提升，总体规模进一步壮大。从2016年至2019年，中国版权产业的行业增加值已从5.46万亿元增长到7.32万亿元，产业规模增幅34%；从对国民经济的贡献来看，中国版权产业占GDP的比重由2016年的7.33%增长至2019年的7.39%，提高了0.06个百分点，呈稳步提升的态势；从年均增速来看，2016年至2019年，中国版权产业行业增加值的年均增长率为10.3%，高出同期GDP增长值0.4个百分点。2019年中国核心版权产业的行业增加值达到4.59万亿元，同比增长10%，占全部版权产业的比重达63%，对版权产业发展的支撑引领效果更加明显。2019年中国版权产业的城镇就业人数为1628.60万人，占全国城镇就业总人数的比重为9.49%；中国版权产业对外贸易稳中提质，2019年中国版权产业的商品出口额为3653.30亿美元，占全国商品出口总额的比重为14.62%，连续多年占全国商品出口总额的比重稳定在 11% 以上。①

另外，2014 年 4 月 24 日，第十二届全国人民代表大会常务委员会第八次会议上一致表决通过批准世界知识产权组织的《视听表演北京条约》②，2020 年 1 月 28 日，印度尼西亚向世界知识产权组织递交批准书，成为该条约关键的第 30 名成员，同年 4 月 28 日《视听表演北京条约》正式生效。③《视听表演北京条约》是新中国成立以后在中国签署的第一个国际条约，对中国版权服务贸易领域的发展有着极为重要和深远的影响。《视听表演北京条约》的重大意义在于摆脱了由美国、欧盟等发达国家或地区制定国际规则的惯例，是一个南北平衡的国际规则，表明中国等发展中国家在国际性事务规则制定中发挥重要的作用。《视听表演北京条约》基于国际社会对表演者和表演者权利重视的共识，旨在更加全面地保护表演者对其作品所享有的精神权利和经济权利，条约的制定同时将规范中国版权保护工作的开展，并极大地促进版权服务贸易融入国际版权市场（阎晓宏，2014）。

二 语料库在版权服务贸易中的呈现

多语种语料库的使用价值和商业潜力巨大，所以它的知识成果一方面受相关法律保护，任何人未经许可不得使用；另一方面，只要通过正常版权贸易手段，任何人都有权利合理使用，这就是多语种语料库版权价值的集中体现。多语种语料库具有近乎无限的发展可能，对于拥有多语种语料库版权的政府、企业而言，与其将它通过版权贸易的形式交易出去，可能更乐意将它保留下来为自己所用。但企业对多语种语料库所

---

① 中国版权局：《2019 年中国版权产业增加值已占到 GDP 的 7.39%》，http://www.ncac.gov.cn/chinacopyright/contents/12558/353539.shtml，最后访问日期：2020 年 12 月 30 日。

② 《视听表演北京条约》全文参见国家版权局网站，http://www.ncac.gov.cn/chinacopyright/contents/12564/353582.shtml，最后访问日期：2021 年 2 月 10 日。

③ 赖名芳：《〈视听表演北京条约〉将于 4 月 28 日生效》，http://www.ncac.gov.cn/chinacopyright/contents/12509/351125.shtml，最后访问日期：2020 年 4 月 24 日。

有权的需求越来越大,并且随着开发经验逐步累积,开发难度不断下降,未来多语种语料库的交易市场很可能会逐步开放。

和目前网络上已有的版权,例如图书、影像、游戏版权相比,多语种语料库的版权价值之所以非常高,是因为其中储存的内容完全经由数据处理,其效率远远高于一个以传统方式整理汇总的几百人团队,其建设成本非常大。同时,多语种语料库的市场需求空间很可观,政府政策的制定、企业贸易活动的开展等都需要在语料库作为基础资源的前提下才能高效完成。另外,由于现阶段人们对于版权保护和版权贸易的重视程度不断提高,多语种语料库的版权价值在时代进步中被赋予了更多含义。

语料库版权贸易的主体包括两个方面,一个是语料库学习研究的关键技术,它可以推动语料库不断纳入并学习语料文本,掌握其中的语言规律,以备将来使用;另一个是已有的语料文本和已经掌握的语言翻译能力。多语种语料库作为版权贸易标的物,和一般标的物,尤其是数字类产品相比没有本质区别,例如非实体化、网络交付等,但在交易过程中其表现出的特征与其他商品有所不同。深入了解多语种语料库的特征,有利于推动其在版权贸易中的价值实现,促进语料库版权市场交易的合法化、秩序化和规模化。

1. 特殊市场需求

多语种语料库的本身版权需求量并不大,这是因为语料库本身不能直接应用于生活和大部分工作中,只有需要利用多语种语料库来进一步研发产品的企业、专门从事多语种翻译工作的企业以及部分技术水平较低的国家政府或学校是潜在消费群体。但在这部分消费者中,部分个体的价格需求弹性非常小,即他们愿意为获得多语种语料库的版权付出很大成本,这由多语种语料库独特的使用价值和高端技术含量决定,因此其版权很可能定价非常高。如果企业急于拓展海外业务,又无力自建多语种语料库以降低业务成本,那么直接购买将是唯一的选择;对于有这方面需求的政府，其价格需求弹性可能较大，一方面是因为政府可以比企业更快提高研发能力，以更低成本建设自己的多语种语料库，另一方面是因为政府的语料库会涉及更多国家层面相关信息，如果交付企业完成，可能会影响国家安全。

2. 产品安全问题

多语种语料库和图书、绘画、影视等产品相比，技术含量更高，但不可复制性较不明显，这是因为多语种语料库主要的内容包含两个部分：各国各类语料和学习应用技术。这些内容成分以程序代码为主，特别是语料，完全来源于现实生活，只要拥有足够的技术支持就能大量采集，因此理论上更容易被复制。绘画作品完全体现绘画者的水平和思想，其复制品大多有瑕疵，而多语种语料库的核心技术一旦被窃取，它就有可能被完美复制。所以多语种语料库在版权交易时需要格外重视产品安全。

3. 高昂成本

多语种语料库的建设成本巨大，即使技术水平达到要求，也会消耗相当规模的人力物力以及时间，因此在版权交易市场，无论供给方还是需求方，都需要做好充足的准备。供给方需要严格保证语料库的质量，以吸引潜在的需求方；需求方要积累足够的技术、资金等，既为了能充分发挥语料库的作用，也为了保护语料库的核心技术，以防止重大损失。

三 版权服务贸易的商业价值挖掘

在全球经济一体化和世界文化融合的大背景下，版权服务贸易本身具有无可替代的价值，这是因为各国语言和文化相互交流的必要性和特殊性。版权资源的众多功能，可以对全球化产生至关重要的作用。

语言翻译支持。语言翻译是各国相互交流的基本前提，如果无法了解对方语言的含义，交流会在最初就停止，更谈不上深入合作。书面、

145

影视作品、游戏乃至工作生活各个方面的文字语言翻译支持都属于版权贸易中的一环,在上至国家战略、下至普通居民生活的所有跨国沟通中都必不可少。语言翻译支持是相当基础的工作,理论上依靠人工就可完成,但巨大的工作量促进了科技的发展,人工智能正在逐步替代人力来完成这项工作。

多语种文化背景支持。仅仅了解对方的话语,并不能充分理解对方的所思所想,这个人际沟通的道理适用于跨语种交流,如果只靠基本语言翻译,而不了解对方的文化背景、不结合对方的语言环境,仍然无法深入交流,甚至会产生更严重的跨文化交流障碍。多语种文化背景支持是更高层次的翻译工作,对工作者提出了更严格的翻译要求,因而在版权服务贸易中比普通的语言翻译支持拥有更高的使用价值。

正是由于语言翻译支持和多语种文化背景支持这两个功能,版权资源在多语种交流的时代背景下具有较大使用价值,尤其在企业合作、产品营销、内容设计等商业运作方面占据关键性地位。因此,以语言翻译支持和多语种文化背景支持为核心的版权资源,在商业领域具有巨大的商业价值,这些版权资源的跨国贸易,在提出对外战略的企业中相当受青睐。另外,由于这两个功能的实现正逐渐从人力向人工智能过渡,版权资源和服务在实现规模化的同时朝着高翻译精度、高翻译效率的方向前进,在多语种翻译市场需求不断扩张的趋势下,具有无限的商业价值潜力。

第二节 基于数据驱动的商业价值挖掘

现代语料库以海量数字形式存在的语料资源为核心,以语料库为基础可以实现数据驱动下的业务开展,企业、政府、消费者等可以作为各方市场的共同参与者来改变原有的商业模式、政策法规、消费模式,数据驱动下经济社会将朝向一个更加智能的发展方向,在这一过程中可以挖掘出大量极具商业潜力的应用。

一 商业价值的呈现

随着时代的发展，虽然企业对利润的追求没有发生实质性改变，但具体的实现路径已经与过去截然不同，商品生产、营销关系、管理模式、资金流动等多个方面正在不断呈现新的内容。其中，大数据时代的来临为企业改革转型提供了更多优质方案。企业面临的问题是顾客越来越多样化的消费需求，大数据的出现帮助这些企业以及行业迅速适应市场的变化，在激烈的市场竞争中占据一席之地。数据驱动企业信息化模式的发展，帮助企业应对复杂的经济环境并且创造价值。

企业在数据的驱动下对商业模式进行深度的改革，从"卖产品"向"卖服务"转变。企业的思考逻辑发生了质的变化，开始站在消费者的角度去思考，重视客户对产品背后的服务的体验感和满足程度。从数据的交换方式来看，以前的交互方式是上下两个主体之间进行简单的数据交换，但是缺乏互动体验。数据发展缩短了信息流动的时间，数据的价值空间被扩大，各主体之间交换的信息不再是简单复制的信息，而是具有差异化、个性化的信息（李慧，2016）。企业更加注重用户的体验感和需求，从客户的选择中得到反馈，倾向于有针对性地生产产品，创造更多利润和价值。

二 数据驱动技术在商业价值挖掘中的应用

1. 数据驱动商业智能的能力提升

大数据帮助商业智能的数据实现扩充，以结构为主的数据开始海量拓展，多个源头结构化和非结构化并存。传统的商业智能将数据按照业务需求进行处理并且供管理层使用，而大数据的驱动可以提升商业智能的实时性和灵活性，提高对数据的洞察能力。管理人员可以更加灵活地对数据进行处理，并且对数据进行更加充分、呈现形式更加清晰的可视化处理，帮助管理者进行更快、更准确的商业决策。

企业对数据的认知和重视在大数据的背景下不断强化，对数据的收集、储存、管理和价值挖掘进程不断深入。通过商业智能和AI、云计算等技术的深度结合，海量数据可以保存在云端，智能机器的学习和算法能够对业务进行精准预测和深度挖掘，企业可以对业务场景深度理解，从而加强自身的竞争力。大数据的分析能够嵌入业务当中，企业中的各级人员都能随时、随地查看和分析数据，从而更快做出科学决策，指导企业的业务运营。

大数据驱动商业智能发展，通过挖掘数据价值驱动业务的发展，各企业在数据的支撑下不断提升业务能力、管理能力、融资能力和决策能力；数据驱动员工提升对业务的认知程度，提高办事效率，进行工作的优化升级并且加强决策能力，最终推动行业的发展。

2. 数据驱动产品盈利模式升级

产品的盈利模式能够为企业的产品生产指明方向，是产品创造利润的关键，大数据促进生产方式改革，帮助产品打造自身优势，提升产品竞争力。以多语种语料库为核心的大数据平台通过分析销售数据、市场的变化情况、消费者选择偏好等，有针对性地选择产品盈利模式，有利于企业的发展。数据驱动产品的盈利模式从生产销售转向注重产品的使用和售后服务。企业运用市场中的"数据商机"，对数据进行有效的收集、处理和分析，拉近与消费者之间的距离。

数据驱动企业建立更加成熟的产品盈利模式，提高产品的综合性能，当产品在消费过程中出现问题时，语料分析技术可以自动化分析和判断客户遇到的问题，并及时协助客户和厂家间的反馈与交流，从而为消费者带来更好的消费体验，有效提升产品的竞争力，保障企业商业价值的提升。在多语种语料库协助下，企业能够对消费者消费数据进行有效的分析，定位主要的消费群体，进一步对消费群体进行细分并合理分析其特征和偏好，制定不同的营销方式，针对性地推出能够满足特殊需求的产品，让不同的消费者都能获得满意的消费体验。打造高质量消费环境提高顾客的满意程度，对企业产品竞争力的提升以及落实企业的发展战略都有重要的意义和影响（王文坛，2020）。

3. 数据驱动产品智能化生产

在产品的生产阶段，企业会投入大量的人力和物力对产品进行创新与升级，这种现象在很多行业中都有所体现。数据驱动各企业从"制造"向"智造"转化，在降低生产成本的同时实现产品数字化，推动整个产品生产过程升级，全面提高产品质量。多语种语料库同样可以用于企业产品的特征分析，促进生产消费者满意的产品，赢得消费者的信赖。数据驱动企业在减少成本的同时提高产品的品质，获得更多的利润。

4. 数据驱动经济市场升级

机器学习和深度学习技术的成熟，使得基于多语种语料库的用户个性化分析更加准确，个性化的数据不仅为企业经营模式的转型升级提供有效支持，同样也为个性化服务的出现创造了一个更有活力的市场，市场上的所有参与者都可以成为大数据的获益者。

消费者通过网络可以获取自己想了解的生活、健康、能源、金融等各领域的信息，而这些信息都可以转换为个人语料资源的重要组成，消费者通过智能决策和智能推荐系统实现各种信息的对比，最终做出最优决策；消费者能够减少做决策的时间，节约决策成本；消费者可以直接加入产品的制作过程，为自己制作专属个性化产品；为了使消费者可以更好地进行消费，个性化数据助力了新兴数据公司、服务公司的产生，市场因为数据的支持产生了许多新的功能，促进了经济的发展以及产生了新的就业岗位，从而增加了就业机会，整个经济市场呈现良性发展趋势。

5. 数据驱动政府搭建支持平台

数据时代，政府实现数字治理的可能性也增加。数据驱动政府积极创新，搭建更多有利于经济发展的平台，更直接与企业进行沟通，精准提供支持性政策；有效实施市场监管，规范市场运行，并进行制度改革；支持创业者创业，降低失业率。

基于服务主导逻辑，结合大数据时代的共创理论，政府将自己置于消费者的位置，为使用服务的消费者创造效应和更高价值；消费者行为会作为数据被政府分析并形成具体政策，消费者自身就参与到数据创造和生产的过程中，创造的数据可以用于社会，形成数据的增值。

数据用于社会生活的各个领域，促使市场发挥巨大的潜力。数据驱动使政府、企业、消费者三方联系更加紧密，成为一个循环，各方都获取相应的经济价值。数据给予政府、企业以及消费者更多的益处，真正做到了推动社会创新和发展。

三　人工智能时代的多语种语料库商业价值挖掘

人工智能技术随着大数据的发展，成为近些年最为热门的科学研究领域，它运用最新技术模拟和发展人的理论、方法以及技术。人工智能多年来不断地融入各个领域，与多语种语料库的结合将进一步拓展语料库的应用价值。

1. 人工智能提高各领域的效率

人工智能能够将大数据的样本倒入机器设备中，并提高工作效率，创造更多的社会和经济价值。比如在传统语料库使用最多的翻译领域，人工智能技术能够在语料库资源基础上构建不同的机器学习模型，实现更有效的专家系统、神经网络、智能决策等的应用，在很大程度上提高机器翻译的水平和翻译质量，为不同文化背景的使用者带来高效率、低成本的体验。而在翻译的同时，人工智能系统还可以根据使用者个人的情景状态和个性化数据，挖掘潜在的商业活动趋势，有效地聚合各种数字资源并推荐给终端用户。可以说，人工智能技术的加持，可以最大限度地激发和实现多语种语料库的应用价值，发挥最大的经济效益和社会效益，当然也可以吸引更多的投资者将目光放在相关领域，带动整体产业的良性发展。

2. 人工智能提升服务多样性

2020 年上半年，人工智能核心领域总产值达到 770 亿元。早在 2017 年，国务院印发的《新一代人工智能发展规划》指出，人工智能发展的目标是"到 2020 年，人工智能总体技术和应用与世界先进水平同步，人工智能产业成为新的重要经济增长点，人工智能技术应用成为改善民生的新途径；到 2025 年，人工智能基础理论实现重大突破，部分技术与应用达到世界领先水平，人工智能成为我国产业升级和经济转型的主要动力，智能社会建设取得积极进展；到 2030 年，人工智能理论、技术与应用总体达到世界领先水平，成为世界主要人工智能创新中心"。[1]《新一代人工智能发展规划》中也指出人工智能发展的重点任务之一是"培育高端高效的智能经济，发展人工智能新兴产业，推进产业智能化升级，打造人工智能创新高地"。可以看出国家对人工智能发展的重视，这一过程仍旧需要发挥市场主导作用，促进人工智能相关产业的发展。

作为人工智能技术重要基础的多语种语料库，对提升人工智能算法质量、完善人工智能模型种类具有重要的意义和价值。特别是基于人工智能技术提供的多样化服务中，语料库资源是人机交互非常重要的衔接过程。以智能家居和可穿戴式设备为例，语音识别是提升人机交互易用度的主要途径，语料库建设是提高语音识别准确度的重要保障，特别是全球化大背景下，多语种语料库丰富的语言种类优势，是提升产品体验、构建全球一体化服务的关键一环。同时，在人工智能的辅助下，了解客户偏好，熟悉不同文化背景，在面对全球化视角的服务中可以提供更好的客户体验。

---

[1] 《国务院关于印发新一代人工智能发展规划的通知》，http://www.gov.cn/zhengce/content/2017-07/20/content_5211996.hm，最后访问日期：2017 年 7 月 20 日。

3. 人工智能与多产业的深度融合

各个行业都需要人工智能的帮助，人工智能技术正在深度融入生产生活的不同领域，对大众而言，"智慧医疗""智慧学习""智慧金融""智能安防""智能家居"等词都已经不再陌生。早在多年以前，科技巨头公司就开始搭建人工智能生态圈，打造以人工智能为核心的商业化发展模式，"人工智能+"的产业模式频繁地出现在大众的视野中。作为人工智能技术重要基础的语料库，通过与人工智能系统的深度集成，不断融入各行各业，同时，语料库本身的规模不断呈现指数级增长。多语种语料库已经可以在很大程度上实现对各个产业的精准"画像"，基于多语种语料库的智能分析更加丰富和准确，蕴藏着更高的商业价值。

第三节 多语种语料库促进翻译服务发展

一 语言翻译服务业的发展现状

语言翻译服务业的发展已有相当长的时间，目前处于相对成熟的阶段，由于政府、企业、个人交流日益频繁，语言翻译服务的热度经久不衰，再加上网络电子通信技术和人工智能的飞速发展，语言翻译服务业仍有十分可观的发展空间。以中国为例，据中国翻译研究院、中国翻译协会等联合发布的《中国翻译服务业调研报告（2014）》数据[①]，截至2013年底，全国共有5287家翻译服务企业，在调查的120家企业中，26家翻译服务企业2012年营业额在100万~200万元；16家在200万~500万元；4家在500万~800万元；6家在800万~1000万元；而营业额在1000万元以上的企业有29家，占调查企业的24%（李现乐，2016）。据中国服务贸易指南网的统计，注册资金在50万元以下的，占

[①] 《中国翻译服务业调研报告（2014）》，http://download.china.cn/en/pdf/Report2014.pdf，最后访问日期：2015年4月21日。

到企业总数的 85.04%，注册资金在 500 万元以上的企业仅占到企业总数的 1.44%。经过访问调查的 120 家企业中，55% 的企业没有分支机构，而有分支机构的企业中，35 家企业有 1~3 个分支机构，占比 29%，有 4~5 个分支机构的企业与有 5 个分支机构以上的企业数量相当，各占 8%，国内翻译服务企业规模偏小，市场竞争力有待提高。

从全球角度来看，翻译服务业总体发展状况较好，从业人数较多，生产利润处于较高水平，能形成较好的良性循环，创新能力因此进一步增强。人工智能转译技术的开发是国家和企业重点关注的对象，如果这项技术能广泛应用，翻译服务业产值将发生质的飞跃。

二 影响多语种语料库国际需求的特征

前文分析认为，翻译服务业正经历良好的发展时期，更高效、更精准、更便捷的翻译服务的市场需求极大，增速不断提高。而在翻译服务产业的建设中，多语种语料库起到了至关重要的作用，使用价值非常大。多语种语料库的一系列特征使其成为进一步推动翻译服务转型升级的焦点，因此在全球范围拥有较大的需求量。

翻译准确性高。成熟的多语种语料库拥有大量的语料，不仅能体现传统语汇在时代发展中语义的细微差别，还能准确翻译近年来的网络热词，例如前几年流行的"土豪""大妈""大爷"等。对长期研究一国语言历史的学者来说，翻译传统语汇可能不是难事，但想要准确翻译和使用没有明确定义的网络热词，人工效率就很低，通过语料库可以较好翻译。

翻译速度更快。多语种语料库主要应用于人工智能翻译，翻译的速度取决于语料的丰富程度。语料库通过学习大量现实语言，可以快速完成长难句甚至是大段文章的翻译，其耗费时间之短，不是一般翻译员能比的。

边际成本较低。多语种语料库的主要成本是建设成本和维护成本，这些成本是固定成本；而其边际成本，即在翻译过程中产生的成本极低，完全不同于传统人工翻译按小时或篇章结算工资，耗费的流量和折旧几乎可以忽略不计，因此可以大量节约资源。

"干中学"能力非常强。"干中学"的含义是，工作人员可以在工作中不断学习，实现技能进步，进一步提高工作效率。多语种语料库和人一样，拥有完善的自我学习能力，而且随着多语种语料库语料规模的增加，翻译质量会不断提高，机器学习的效果远超一般人，因此未来以计算机为核心打造的翻译系统，工作潜力不可估量。

三 多语种语料库在商业活动中的转译价值

多语种语料库最基本、最直接的功能就是转译语料，但必须通过翻译设备才能实现，因此语料库大多情况下和这些设备组合，形成一个完整的转译软件来发挥功能。多语种语料库的价值一般体现在两个层面。一是识别层面，指将通过各种方式收集到的语言信息进行系统处理并识别其中的含义，是单纯的翻译工具，它包括两种类型，一种是不同国家语言之间的文字转换，例如汉译英、汉译法等，另一种是文字类语言和非文字类语言之间的转换，例如提取图片中的文字信息、识别语音中的语言。二是输出层面，指通过分析理解语言文字信息，做出恰当的反馈行为，是复杂的人工智能系统，不仅包括执行传统的系统程序，例如打开和关闭网页，还包括与人类似的复杂动作行为，例如用特定语言回应对话者，通过数据驱动与其他技术结合，发挥更大的作用。目前多语种语料库在翻译方面的价值已经基本得到体现，而其在人工智能开发方面的价值，随着数据驱动进一步升级和各种衍生技术产品的深入研发，逐步被挖掘出来，上文中已有系统性描述，不再赘述。

多语种语料库的转译技术，目前在市场上进行了较为全面的开发，尤其是多国语言相互转化的技术，已经被广泛应用于社会生产生活的各个层面。在多年以前，各个多语种语料库还未建设完备时，人工智能转译准确度还不够高，转译速度还较慢，只能应对日常生活中的简单案例，在应对现实情况，尤其是跨国商务谈判、国家外交、文学作品翻译等情况时，还不能独当一面，这种情况下文字翻译主要依靠人工完成。由于人工成本较高，所以会按工时、字数或其他标准付费。近年来，多语种语料库逐渐成熟，机器转译已经能处理大部分情况，在生产生活的各个层面逐步替代人工翻译，由于其成本低廉，各翻译公司为了占据主要市场，获得市场竞争力，主要采取了以下三种营销模式。

第一，完全免费提供。以有道翻译、百度翻译、搜狗翻译等为例，这些转译软件完全向社会免费开放。任何人都可以直接通过浏览器搜索功能找到这些软件，多数情况下不需要点击进入详细页面就可以实现即时翻译，人们甚至在浏览器内搜索某个特定词汇时，都能在网页较靠前的条目上找到相关翻译结果。使用完全免费消费模式的企业一般是较大的互联网企业，这些互联网企业利用多语种语料库制成的翻译软件，成本相对于其他业务而言较低，并且由于翻译业务不是主营业务，如果收费的话，预期收益不高，因此选择免费提供，以提高企业口碑和积累粉丝群体为主要目的。这些大型企业翻译软件的泛用性较高，能应对多达十几种，甚至几十种语言的相互转换，在日常生活中有很强的实用性，但它们的复杂场景适应性不强，专业转译能力普遍较差，在应对如医学、经济学、工程学、文学等专业领域的句段时无法准确转译，遇到一些长难句时甚至会翻译出明显语病，不适合从事专业领域的工作者频繁使用。另外，一些大型企业的输入软件，例如搜狗输入法，除了能识别普通的文字内容，还支持语音输入，准确性和速度都属上乘，仍然免费提供，不过搜狗会将其他内容与输入软件捆绑在一起，例如新闻、个性化服务等，通过这些收费项目来获得利润。这些转译和输入软件的背后，多语种语料库的价值并没有完全体现出来，其价值可能受企业长期战略的引导，使用在了其他更具竞争力的产品上。

第二，完全付费提供。有些企业的转译软件会选择付费的营销模式，这些企业一般以中型企业为主，也包括某些大型企业的专职翻译部门，主营业务就是转译，拥有较强的数字技术和多年的经营经验，在某个专业的转译方向具有较强的话语权。这些付费转译软件一般并不具有免费转译软件那样的高泛用性，可能只能进行汉译英、英译汉等少数几种语言的转译，有的甚至只能进行英译汉，无法进行汉译英；但它们在某些领域内具有相当突出的能力，例如一些转译软件企业版，专门针对商业领域的企业，收录了大量该领域常用的术语和句段，能十分精准地转译该领域内的绝大部分内容，在国际商务谈判中发挥了重要的作用，它们的转译能力在短时间内无法被超越，因此形成了较强的市场垄断，拥有忠实的企业客户。另外一部分付费转译软件，拥有不弱于免费转译软件的能力，更是提高了在信息识别方面的能力，例如OCR转译软件，不仅可以识别常规文本语言，还可以识别截图、照片中的文字，并将其以常规文本的格式转译出来。OCR转译软件在全方位识别处理各类文字信息时，同样可以用较精确、通顺的语言进行转译，并且收录了很多专业性词汇，提高了转译效率。这些转译软件的背后，多语种语料库起到了支柱性作用，正是语料库发挥了自身全部的价值，才使付费转译软件的商业价值得以体现。

  第三，部分免费、增值服务收费。该营销模式可以分为两种类型，一种是按使用时间划分，一些与完全付费转译软件拥有相似功能的软件，为了积累大量追随者，迅速拓展市场，可能会初期免费提供转译服务，在体验期之后，需要付费才能继续使用。这是营销策略的差异，并不能明显反映多语种语料库的价值差别。另一种是按使用功能划分，基本功能可以免费提供，而如果要享受进一步的增值性服务或功能，则需要付费使用。以WPS为例，WPS支持一切语言的输入，不仅包括各国文字、程序语言，还包括标准的数学公式；能自由使用各种特色艺术字体，使文档更加美观；能进行基本的文字转译，准确度与一般免费转译软件相仿，这些都是免费提供的。但WPS更便捷、复杂的服务，则必须要通过购买会员才能使用，例如文档校对和拼写检查，更美观的艺术字、图表和 PPT 模板，PDF 格式、WORD 格式、JPG 格式的相互转换，论文查重，超大文本人工精准翻译，大容量云存储等。按使用功能划分营销方式的企业，营销策略与按使用时间划分的企业并无本质区别，都是通过免费吸引用户群，利用收费部分创造利润，但在这些收费项目里，多语种语料库的价值是竞争力的核心源泉，企业通过充分提高多语种语料库在文字识别、处理和简单输出方面的能力，为产品创造出巨大的商业价值。

以上是目前市场上主流的转译软件及商业应用情况，可见多语种语料库与最新科技相结合，为翻译服务业创造了很多可能。但多语种语料库的开发程度还不够充分，除了能在翻译语言种类、专业领域范围上不断优化，还可以在翻译文本类型上进一步改进，例如音频信息。市场上已存在较为实用的语音识别产品，例如百度旗下的小度智能屏，以及 Windows10 自带的 Cortana 语音识别系统。但这些产品一般无法识别多种语言，甚至连较为复杂的英语都不能识别，说明该市场仍处于空白期。如果未来多语种语料库的语音识别能力大幅度提高，则相关的转译产品可以在上至重大会议、下至日常生活中发挥更关键的作用，进一步创造商业价值。

第四节　基于语言服务的信息挖掘应用

一　社交网络与商业价值挖掘

商业信息挖掘是市场营销最基本的内容之一，它是指一个市场上与交易相关的全部信息，可以分为以下几个方面：生产者信息，包括企业公开信息、产品相关参数等；消费者信息，包括消费者群体数目、结构以及具体需求偏好等；市场信息，指整个市场上会对交易产生影响的信息，如相关产业发展情况；环境背景，指不属于市场交易范畴，市场无法操控但会对市场交易产生影响的信息，如政府政策、战争、气候变化等。

自20世纪20年代开始，市场营销价值观就发生巨大转变，从最初的"酒香不怕巷子深"，重视产品质量而忽视产品宣传；到后来意识到宣传的重要性，逐步加大宣传力度；到客户定制化服务理念增强，一对一满足消费者需求；再到现在重视发展长期营销关系。在这个过程中，企业越来越重视市场整体、不同消费群体乃至单个客户具体的信息挖掘，这些信息可以左右一个产品的具体销量，甚至对公司存亡产生重要影响。20世纪50年代，福特汽车公司在十年时间内先后推出"埃德塞尔"和"野马"两个品牌的汽车，前者由于调研的市场信息滞后，忽略了战争和日本进口汽车带来的影响，将年轻上班族定位为目标客户却没有深入了解他们的需求，导致埃德塞尔在问世7年内只有不到110万辆的销量，只达到预期目标的11%；后者吸取经验教训，搭上经济黄金发展期的便车，准确定位了年轻用户群体，结果一年之内便销售了400万辆，商业信息挖掘的重要性可见一斑。

随着全球进入互联网时代，信息开始以数据形式传播，各个方面的信息可获得性大大提高，同时由于电子通信技术与数据驱动发挥作用，企业可以在越来越短的时间内获得越来越多的信息，以越来越低的成本挖掘出越来越重要的关键要素，而消费者可以更轻易地搜索到企业和产品的具体信息。对整个市场来说，高速信息流通促进信息公开化，进一步推动资源要素合理配置；对企业和个人来说，充足的信息挖掘可以降低消耗的时间与物质成本，并能对正确决策产生引导作用。

二 基于文本分析的商业价值挖掘

多语种语料库是互联网相关技术与各种语言文字结合的产物，语言文字是各种信息最直接、最基本的载体，由于语料库中的字词句段都不是人为臆造的例句，而是来源于实际生活的真实案例，所以其容纳的语言文字越多，承载的信息量就越大，能用于商业营销的价值含量就越高。在电子商务领域，语料情感挖掘具有相当大的商业价值，可以对商务运营方向产生关键性引导作用。

根据商业信息的不同类型，基于文本分析的商业价值挖掘不同。

对于消费者相关的信息，很多企业有较大需求，以不断调整产品参数、目标受众和发展战略。过去这类信息的搜集大多通过人工市场调研来完成，以发放调研问卷的形式居多，有的会在国家相关数据库中寻找粗略的信息，一般效率和准确性较低。多语种语料库可以在一定程度上避免上述问题，通过搜集、处理消费者相关的信息，或者消费者的使用反馈，利用数据可视化技术将完整趋势和动态呈现给企业负责人，甚至能提供进一步决策建议。在这个领域内，多语种语料库的商业价值只需要较低的技术要求和成本，就可以形成较为全面的可视化商业信息的呈现，发挥出非常大的商业价值。

对于产品相关参数的信息，这类信息的搜寻者一般是消费者，为了比较不同产品的差异，从而"将钱花在刀刃上"，买到合适的产品。为了帮助消费者达到这个目的，多语种语料库可以用在各种大数据平台上，通过搜集同一类型、不同厂家、不同型号产品的相关参数、价格，以及对应的全部用户评分和评论，数据可视化后完全展示到消费者面前，轻而易举形成货比三家的效果。目前，一般大型购物平台和电影网站更需要这种统计系统，例如淘宝、京东和豆瓣，以实现物尽其用，给予顾客良好的消费体验。国内一些游戏应用平台，例如bilibili视频弹幕网和taptap手游分享网走在了时代前列。它们将淘宝商品和豆瓣电影的评价体系运用到游戏上，进一步扩大了多语种语料库的应用范围，由于游戏的差异对比过程相当复杂，消费者为了节约搜寻心仪游戏的时间，查看每款游戏的评分和主流评价就显得相当重要，多语种语料库的关键词汇总、评价分析体系就发挥出巨大作用。

对于企业相关的信息，这类信息一般有三种用途：求职者会利用这些信息选择合适的就职岗位；投资者会利用这些信息决定投资、入股或者进行其他市场操作；部分企业会利用这些信息，来决定是否对目标企业实施商业战略，例如合作、外包、并购等。此外也不乏消费者通过比较企业信息来决定是否购买旗下产品。能系统展现企业信息的软件在市场上已经存在，例如企查查 App 专门统计企业投融资状况和负责人变动状态，同花顺 App 专门统计上市企业的股价变动，以及结合发展现状对未来趋势做出预测，但这些统计系统大多数只呈现企业一部分信息，无法系统整理并全面展示。由于企业信息种类众多，数量庞杂，即使已经收集到大量的信息，对单个公司的数据进行立体可视化统计仍然存在较多不便，更不用说将不同企业的同类型信息进行横向对比，再进行整体实力评估。另外，有些企业由于保护商业信息或其他原因，拒绝公开部分信息，这给语料库的评估开发造成更大的困难。

多语种语料库与互联网技术结合，使商业信息挖掘出现了全新形式。网络几乎记录了浏览者的一切信息，多语种语料库通过收集分析这些信息，除了辨别浏览者的客观信息，例如年龄、性别、所在城市、学历等，还能对浏览者的个人偏好做出判断，从而主动为其提供服务。以淘宝为例，其可以收集每个顾客在各个店铺里留下的总体评价和详细评论，通过多语种语料库处理后，判断出顾客的性格、偏好以及近期的需求，以便在顾客下次登录网站时，为其优先推荐符合其要求的店铺和商品。虽然存在暴露顾客个人隐私的弊端，但多语种语料库确实在企业提供完全客户定制化产品方面给予了很大便利，进一步推动了企业降低成本、消费者降低支出。

三 基于语言服务的大数据商业辅助决策支持

大数据的商业价值对于企业而言至关重要，企业全方面收集各类商业信息并不是仅仅为了统计和了解数据，更多的是为了利用数据进行决策分析。由于大数据时代各种数据繁杂的特点越发明显，虚假信息的发布成本越来越低，靠人工进行信息筛选、翻译、处理、分析、呈现的难度相当大，因此多语种语料库的语言服务以及辅助决策支持功能就拥有了更高的商业地位。

商业辅助决策系统是一套完整的商业决策智能提供和评价机制，而多语种语料库作为其核心技术，是不可或缺的一部分。从前文的分析中已经看出，多语种语料库在各种语言的收集、处理和加工方面能发挥巨大作用。同样，多语种语料库能利用这些信息进行深度加工处理，在给予问题处理的核心方向后，语料库能根据已有信息生成各种决策和相应评价，将其全部呈现给决策者，由他们负责议定最终方案。

基于多语种语料库的语言服务，商业辅助决策系统可以在以下几个方面给企业带来更多便利和好处。

第一，降低信息收集和筛选成本。多语种语料库本身是一个智能语言信息收集系统，可以根据程序既定的处理机制在一定范围内广泛收集信息，将其转变为可视化信息，大大减少了人力成本和时间成本，并提高了收集信息的有效性。

第二，大幅降低沟通成本和管理成本。如果语言信息的收集和深入处理加工完全依靠人工进行，由于人与人的思维差异，想要协调团队工作需要消耗大量资源和时间，并产生不小的管理成本，而多语种语料库可以轻易避免这方面的问题，减少企业在沟通和管理方面的消耗。

第三，提高决策速度和精度。多语种语料库不仅能将整合好的信息尽可能呈现给决策者，更重要的是能在商业辅助决策系统中发挥作用，利用已有信息自行判断，提供各类决策意见，并将各个决策的优劣势完全展现出来，留待决策者自行决断，这在很大程度上降低了决策者的决策压力，提高了决策精度。以悠桦林信息科技（上海）有限公司为例，其提供的智能辅助决策系统可以在商业运输方面提供重要决策，能自行规划运输路线，合理安排车次和配置运力资源，充分降低运输费用和人员消耗，并能充分考虑意外情况，降低运输风险，为各物流企业和航空公司提供运营保障。

第五节 大数据时代多语种语料库的应用价值挖掘

多语种语料库的商业价值是看多语种语料库在实际中是如何应用的，以及多语种语料库的应用程度和它带来的经济效益，其中包括运用多语种语料库的领域得到收入提高、竞争力提升等正向效益。多语种语料库作为一种数据，在互联网时代是一种重要的财富来源。

多语种语料库在全球化的时代大背景之下，通过与大数据、人工智能、云计算等模式的结合，可以在多个领域创造价值，多语种语料库可以提高翻译的质量和效率，分析多国之间的贸易交流，培养出更多的商业人才，创造出大量商业价值。

一 多语种语料库产生更多创造价值

新冠肺炎疫情席卷全球，在中国疫情防控常态化下，境外疫情尚不明朗，此次疫情是全球公共卫生突发事件，显示出在面对全球化发展、人员跨境流动规模扩大情况下全球的管控体系还需要完善。在全球化的背景下，外语服务人才缺失，多语种语料库为培养外语外事人才提供数据支持，为非外语工作人员展开必要的应急外语教育或提供应急外语手册给予支持。这是时代发展带来的迫切需求，有需求就有市场，企业可以开发多语种语料库相关项目，例如企业可以开展研发和维护语料库的业务，在语料的采集和存储、编码和转换、应用和输出等全生命周期链中，保障数据的安全与稳定，实现数据风险的监测、预警与处置，确保语料数据可信、可控和可管；可以开展扩展语料库数据的业务，确保语料库保持与时俱进；也可以促进认证企业的发展，对多种语料库的规范化和标准化进行认证，提高语料库的使用价值。

二　多语种语料库抓取商业信息更加精准

大数据具有容量大、速度快、类型全、不确定性等特征，可以帮助多语种语料库获取更多的数据，打破多语种语料库数据来源的局限性。大数据对语料库的数据处理更具时效性，大数据能够提高对多语种语料库的词汇和词典编辑研究水平，拓宽多语种语料库所具有的跨学科的视角，获取更多高质量并且真实的语料资源。大数据的处理，能够优化多语种语料库提供的数据。大数据使多语种语料库拥有更加复杂的动态特征，为数据的使用者提供更多有关不同社会背景、语言背景等的材料，判断语言使用者在进行叙述和表达时的状态，使多语种语料库深入日常的生活中。大数据推动多语种语料库的使用者进行新的互动，将语料库的运用范围扩展到自然环境、社会环境、文化环境等各种环境中。

信息时代的发展，网络成了发布信息和获取信息的主要平台，互联网是一个巨大的知识库，在信息的处理、语言和语法、信息搜索等方面可以广泛运用语料库，语料库可以快速有效地获取数据，也可以在商业领域，对商业信息进行快速抓取和处理。多语种语料库可以快速识别各语种的新闻和信息，对此类发布在互联网上的信息数据进行精准的抓取，并对各国的舆情、社交关系等进行分析，以便更好地拓展业务。大数据背景下多语种语料库抓取的信息更具有真实性和全面性，为我国进行外交以及对外贸易提供精准的数据，能够对贸易进行更加全面的评估，对风险进行分析，营造更加诚信的营商环境。

三　多语种语料库在贸易领域作用更显著

两国之间要进行贸易，不能缺少语言上的交流，语言交流在很大程度上会影响贸易成本，若能够降低沟通上的成本，那么贸易利润能够得到很大提升，多语种语料库能够促进双边贸易，拉近双边贸易中的语言距离，对贸易尤其是服务贸易产生更大的正向影响。

多语种语料库能减少贸易壁垒，增加国家之间的贸易交流和互动。国际贸易中的许多摩擦是因为翻译没有考虑到文化情境，从而导致商品滞销甚至交易失败，多语种语料库能够减少此类贸易摩擦的产生，增加贸易成功概率。多语种语料库能够协助语言的传播，推动文化交流与融合，其收录多国语种，能够有效地推动国家之间的贸易发展，更大限度地推动我国对外贸易的发展，降低贸易成本。多语种语料库能够培养更多熟知贸易规则的人才，增强我国在进行贸易谈判与贸易纷争中的话语权，提升我国在国际市场上的地位，国家间的贸易合作增加能够促进我国跨国企业的发展，增加跨国企业的业务量，提高跨国企业和跨国业务的利润率，创造更多的商业价值。

四　多语种语料库促进数字版权贸易发展

多语种语料库能够打破版权授权需求量小的尴尬局面，提供的语言支持能够帮助数字版权贸易的企业更好地与作者以及作者的经纪人进行沟通，获得海量的著作权，并减少在数字版权贸易中的交流成本。多语种语料库能够打破传统模式下版权使用者与著作权人的交流壁垒，帮助数字版权贸易更适应数字化时代的发展。

多语种语料库能够将数字版权贸易中的授权成本最小化，突破传统的授权模式，免除语言沟通上的成本，促进双方通过协议方式自愿形成授权关系，提高授权效率，实现数字版权贸易质的发展。多语种语料库使数字版权贸易中的授权范围得到拓展，能够发挥知识的最大价值，帮助数字图书在网络上获得大范围传播的能力。多语种语料库能够获取更多的不同国籍的作者的信息，版权机构能够实时对作者的信息、作品进行更新，减少因为语言差异而错过优秀作品的可能性，将更多好的作品引进来或者将国内好的作品推广出去，产生社会价值，并且给作者带去丰厚的回报，获得著作权的权益，进行贸易的版权方也可从中获取贸易带来的利益。

五　多语种语料库促进服务行业更好发展

大数据时代多语种语料库的创新，催生了一个具有新的特征的语言服务行业，多语种语料库在大数据的帮助下促进了语言服务行业的发展，帮助语言服务行业拓宽服务范畴，不再局限于传统的翻译行业。现在语言服务行业已经成为全球产业链的一个重要环节，在大数据的驱动下，语言服务行业内容更加多元化，信息爆炸式增加，语言服务行业市场呈现爆发式增长的趋势，从而提高了国家对复合型语言服务人才的重视程度，加大了国家在服务行业的技术支持力度。国家对语言服务业的重视也使多语种语料库的重要程度得到了巨大的提升，语料库的发展能够帮助服务行业创新工作理念，提高服务水准，改善国家对服务业人才培养的模式，增强对服务人才的需求，促进国家的就业和经济发展。

六　多语种语料库提升各领域的经济水平

大数据发展的背景下，多语种语料库构建模式不仅满足了语言学自身的发展，而且通过工程化的语料库构建开发专业领域语料库和服务标杆语料库，诸如生命科学等新兴前沿领域，都在不断加强多语种语料库的建设，使多语种语料库能够运用到更加丰富的场景中。大数据能够提高多语种语料库的选择和处理效率，并在专业主题数据库基础上，快速形成专业领域的多语种语料库，信息处理的人工费用大幅度减少，获得更大的经济效益；大数据能够发现多语种语料库的更多属性，完成语料信息的标注，支持科技大数据的知识检索功能，扩大语料库的运用范围，提升行业的语言信息处理水平，促进各专业领域运用多语种语料库，促使各专业领域转型升级，适应时代的发展，提升经济水平（苏晓娟等，2019）。

七　多语种语料库与其他平台建立合作创造商业价值

多语种语料库可以和国家机关和机构合作，建立兼备时代价值、

多语种语料库的应用价值研究

学术价值、研究价值的多语种语料库服务语料库，满足时代发展带来的迫切需求；也能够与高校等平台建立合作，为科学研究、学科建设、人才培养提供重要实践平台；还能够运用到语言学的研究中，它多语种的强大储存功能，可以加强文学对多语种语言学的研究，将研究拓展到其他学术领域，比如社会语言学、文体学、历史语言学等，并且可以深入到对多国的语言学研究中。多语种语料库不仅服务于学术研究，而且服务于国家和地方应急外语人才培养，以应急多语种语料库为素材，基于语料库语言学和语料库转译学，科学编写应急外语人才训练素材和教材，提高人才培养效率。基于数据分析提取有高针对性的紧急词汇和高频词汇，为非外语工作人员展开必要的应急外语教育或提供应急外语手册给予支持。多语种语料库还能服务国家和地方应急外语智库研究，广泛汇聚国内外专家力量，依托应急多语种语料库开展应急外语语言研究、应急外语翻译研究、对外宣传研究、舆情监测研究、应急简明外语创制，助力应急状态下国家对外宣传、对外话语体系建构、人类命运共同体建设。多语种语料库还具有处理突发事件所需的应急措施的协助功能，能够提供更科学、更严谨的服务，为完善社会治理体系，提高为民服务质量提供巨大的帮助（朱鹏霄，2020）。

第六章 趋势与展望

中国经济的高速增长离不开全球化背景的支持,"一带一路"倡议的不断推进使得我们对语言服务的需求越发多样和迫切。语料库作为海量语料资源的集合,对语言背后潜在价值的挖掘具有至关重要的作用。现代社会和经济活动离不开语言服务的支持,多语种语料库中蕴含的海量语料信息,对大数据和人工智能技术的实现至关重要,在此基础上对语料库应用价值的挖掘提出了更高的发展需求,相关技术的突破成为多语种语料库未来发展的重要趋势。

第一节 多语种语料库的发展趋势

一 版权服务贸易是提升语料库应用价值的重要环节

版权服务贸易在我国还处于发展的初级阶段,不仅整体规模较小、占比较低,同时在对外贸易中呈现明显的逆差态势(戴慧,2019)。版权服务贸易以版权作品为贸易标的物,本质上是进行贸易活动的一种形式。版权服务贸易的交易对象为无形财产,贸易模式和交易过程可以参考传统贸易活动,但是版权服务贸易需要考虑更复杂的因素。例如版权服务贸易的重要组成是版权所有人,实际上作者不一定是版权所有人,而版权所有人的权利界定和利益划分更加复杂。同时版权服务贸易非常依赖于各国版权法的规定,但是实际上各国对于版权的界定和保护都存在差异，这就使得版权服务贸易中出现的纠纷更多，解决起来也更加复杂，特别是缺乏专业背景的支持，往往会使版权服务贸易在对外输出中面临种种困难。

无论是版权作品，还是版权签订的合同条款，大量版权内容都以文字形式存在，以版权相关文字资源构建的语料库对版权服务贸易具有极为重要的意义和价值。首先，语料库最为基本的信息检索功能可以为版权查重工作提供样本支持，特别是在国际版权保护工作中，多语种语料库可以提供跨语言的版权信息检索服务，帮助版权保护工作及时发现潜在的侵权风险，避免因侵权造成的财产损失。其次，版权服务贸易在执行过程中的合同文本约定非常重要，跨境贸易中合同文本翻译的优劣会直接影响合同的执行，特别是在多语言环境下，文本的翻译更加重要，多语种语料库不仅是语言翻译的重要依据，同时更是版权服务贸易交易方顺利交流的重要保障。版权服务贸易的贸易标的往往需要通过本土化才能更好地被目的国用户接受，目的国语言的翻译工作中多语种语料库同样扮演重要的角色。最后，大数据背景下多语种语料库中的语料资源是动态更新的，通过对语料资源自身的智能挖掘，特别是利用可视化技术帮助使用者发现潜在的规律与趋势，可以帮助使用者更好地对版权服务现状进行研判，例如进行版权服务贸易的热点挖掘、版权贸易国间的相关度分析等，可以对政府管理机构和版权贸易企业提供极有价值的商业指导。

二 多语种语料库与大数据人工智能服务深度融合

多语种语料库是单语种语料库和双语种语料库的扩展与延伸，不仅包含了不同语言版本的语料资源，同时语料资源的数量远高于传统的双语种语料库。因此，在大规模多语种语料资源基础上，人工智能技术可以充分依托多语种语料库中自然形成的海量语言数据，通过机器学习、深度学习等新技术的应用，建立有更高实用价值的训练集资源。特别是语料库中的文本资源都是在人类社会活动中慢慢汇集形成的真实数据，因此以语料库为基础进行数据挖掘更加符合现实社会的需要。另外，多语种语料库带来的其他优势，就是语料资源的多样化，使得人工智能分析的结果可以直接应用于不同语言背景的场景，同时解决了部分语种语料资源有限导致的人工智能预测精度不足的问题。

人工智能技术将进一步实现不同语种的协同分析与数据融合，特别是对于语料资源有限的小语种环境，可以通过以汉语和英语为主体的平行语料库构建多语种环境中的人工智能分析服务。同时，通过挖掘不同语种语料资源的特征和差异，可以便于使用者发掘各语种环境的差异化要素，无论是在教学研究，还是在商业服务，又或是文化传播等领域中，都便于使用者更好地利用现有多语种语料库资源实现应用价值的深度挖掘。

三 基于语言服务的智能决策将扮演更加重要的角色

智能决策是人工智能与专家系统的进一步融合与延伸，基于智能决策实现的智能决策支持系统（Intelligence Decision Supporting System）把已有的专家决策经验建模成可以进行数字化表示的过程，利用推理机技术实现对待决策事件的思维推理过程（李红良，2009）。智能决策主要向目标客户提供决策背景和专业建议，是智能商业（Business Intelligence）活动的重要组成。

语料库中海量的语料资源对于智能决策系统的构建具有重要的作用，一方面语料资源本身就是专家系统的重要组成，另一方面语料资源是人工智能开展的重要支持，特别是通过语料库可以构建真实的语料场景，人工智能分析效果会更加有效。多语种语料库中的语料资源跨越不同的语言文化背景，在智能决策，特别是在多元化的国际性事务交流与合作中，为企业的智能决策系统提供无可替代的服务支持。

第二节 对未来的展望

一 语料库将成为人工智能技术进一步提升的重要基石

当今世界，人与人、企业与企业、国家与国家的联系越发紧密，各种关系错综复杂，人们每做出一个决策，都可能对社会关系网络产生难以察觉的影响。对于贸易活动的参与者而言，企业的每个行为都必须经过深思熟虑才能决定，而市场信息的获取在决策过程中具有重要的战略意义。大数据的发展带来了语料库和人工智能技术的飞跃，同时两者间的联系越发紧密。大数据的以下几个特征，促使其在获取信息和制定决策方面起到越来越关键的作用。

完备性。大数据是现实和网络上一切可追踪信息的总和，它不仅包含了五官难以获取的现实信息，还包含了那些在虚拟世界必须通过数字技术才能感知到的信息。大数据在将各类信息集中且全面呈现的同时，还会明确地展示各信息之间的联系。通过大数据，企业可以更加全面地获取需要的市场信息，从而做出更明确的决策。

即时性。大数据时代，各类信息通过数据形式在网络中传播，和过去几千年相比，传播速度大幅提升，决策者可以在千里之外立即获得想要的信息，使得决策的外部时滞性大幅降低，提高了决策的精准度。

便捷性。大数据的应用，使得信息的获取难度大幅下降，企业收集信息的边际成本增量几乎不存在，其应用对企业的技术要求和资金要求非常低，有利于企业持续获得想要的信息，在贸易活动中做出合理的决策。

隐蔽性。大数据信息的采集和分析都在网络虚拟空间中进行，不容易被察觉，不会对信息源的自身行为产生明显影响，导致决策过程出现更多不稳定因素。只要信息收集行为和决策行为合法安全，就可以利用大数据产生正面效应。

大数据的合理应用，加强信息采集和提高决策效率与精准度，可以极大地拓展语料库，特别是多语种语料库的适应范围，同时带来人工智能技术在语言服务领域的进一步飞跃，以此推动全球化的社会交流和贸易经济活动的正常、有序、高效进行。可以预见，未来大数据必将成为语料库和人工智能研究的核心内容和重要手段。

二 基于语料库的智慧语言服务将促进贸易活动的开展

目前，语言服务在贸易活动中的作用已经得到充分的体现，其地位越发重要。随着各国交流的日益频繁，跨语种交流，特别是小语种语言环境下相互交往的困难需要尽早克服，如何及时准确地翻译并提供高质量语言服务的议题，一直以来都是各国政府和跨国企业的关注重点；时至今日，语言服务不再局限于商务谈判时的翻译服务，已经渗透到生产链的各个环节，包括研发、生产、营销、交易等，专家决策系统甚至可以直接影响到企业发展的进程和方向。总之，语言服务是随着商业活动的减少成本、扩大利润、提高效率这一基本目标，以科技进步为保障而逐步发展起来的，虽然商业目的单纯，但表现形式多样，拥有过去无法想象的可能性。

1. 交易环节

语言在交易环节的作用，几百年前就已经体现，当两个使用不同语言的民族进行商业沟通时，翻译就成为必不可少的要素。如今随着全球经济化程度越来越高，跨国商业活动的常态化趋势完全体现，"和外国人做生意"对很多公司而言具有相当重要的战略地位，甚至成为某些跨国公司的生存命脉。单次交易量和交易额越高，语言服务的价值就越高。

与此同时，随着长期营销观念的发展，语言服务在交易中的作用已经不仅仅局限于翻译：由于语言是文化的尺度之一，准确、得体的商业措辞直接改变生意场上的企业形象，对谈判双方的进一步合作起到良好促进作用，无论是不是跨语种沟通，都会受此条件影响。很多企业致力于寻找专业化翻译人才和培养熟知商务礼仪的谈判员，就是意识到语言服务在交易环节的重要性，重视发挥语言的作用。

2. 营销环节

语言在营销环节的作用，主要体现在商业信息传播和挖掘方面，这是两个相反的过程，但重要程度基本相同。商业信息的传播，即企业将产品和企业本身的信息向消费者市场传播的过程，也就是人们熟知的"广告"，目的是体现自身的优势，吸引更多的受众群体，发展更稳定的营销关系。在这一过程中，语言是最传统的、最基本的、最有效的传递媒介，无论是面对面交流、电话沟通，还是短信通知，抑或时下流行的网络宣传，都必须通过语言才能实现。如何用最精练的语句，尽量充分地展现产品、企业的优势，吸引更多的潜在消费者，是商业信息传递过程中语言服务不断追求的目标。

在商业信息挖掘过程中，语言服务的作用在前文已有较详细的叙述。市场价格歧视理论深入人心，绝大部分企业都熟悉二级和三级价格歧视策略并能将其应用在营销中，不过理论上只有一级价格歧视，即客户化定制，才是企业充分获得利润的条件，而目前不少大型企业正在不断尝试。实践证明，商业信息的充分挖掘是客户化定制的必要前提，要想获取这些信息，仍然离不开语言的协助。无论是实体语言，还是数据所构成的文字语言，都饱含市场商业信息。这一领域内的语言服务内容，就是大量收集各种数据语言和文本，通过各种方式整理出有效信息，并制定合适的营销战略。

3. 生产环节

语言在生产环节的作用，同样可以分为两大类。第一，语言在生产分工时的协调作用。当时间进入 21 世纪，从全球角度来看，国际分工情况已经越来越明显，跨国直接投资现象越来越频繁，服务外包业务越来越成熟，全球物流系统也越来越成熟，原材料供应地、产品生产地、加工组装地很可能来自不同国家和地区，如何协调不同文化和种族的人群按照统一标准工作，实现上下游的完美衔接，最大限度地降低生产成本，是语言翻译服务工作的主要内容；就算只将视野局限在同一语言的员工群体中，随着公司体量的增大，协调问题仍然至关重要，语言服务依然不可或缺。另外，语言如果以数据、程序的形式存在，还可以用于人工智能的生产自动化，真正实现产品标准化、规模化，以极低成本快速满足市场需要，甚至可以实现客户化定制，如 3D 打印，为企业创造高额利润。

第二，语言服务本身作为产品的部分或全部内容，直接创造商业价值。语言服务在生产生活中的一切作用，都是它作为产品被出售的基础和可挖掘点。就目前而言，语言服务作为产品出售，绝大部分情况都是以服务贸易的形式实现，离不开人作为劳动的主体；但在未来，随着科学技术的不断发展，语言服务很可能普遍由人工智能提供，即以人工智能为载体参与市场交易，这种情况下，语言服务将通过商品贸易的手段提供，实现巨大的市场转型，平添更多的商业模式创新可能性。

4. 研发环节

语言服务在研发环节的作用，简而言之，就是用于指导生产合适的产品，产品的设计和生产离不开以充分商业信息为基础的正确决策，而这些语言服务都能够做到。信息挖掘部分在前文营销环节中已有描述，其实现形式与研发环节基本一致。以商业信息为基础的生产决策以及政策建议，在过去通常是由人亲自完成，但在未来，人工智能很可能通过语言处理分析，进行可视化处理，更明了地体现研发背景，甚至直接给予可参考的决策意见，使得决策者能充分考虑各种情况，做出更合适的决定。

三　语料库应用价值挖掘将成为国际竞争力的重要体现

长期以来，语料库都是语言翻译服务的重要基础，研究者致力于从语言学和翻译学视角对语料数据进行挖掘，而忽视了语料资源自身应用价值的进一步呈现。实际上，语料资源不仅是语言学意义上的数据集合，更来源于现实世界的真实交流场景，所以语料资源承载的不仅是语言本身，也潜藏着大量的社会化数据信息。特别是对不同时期语料资源进行差异化分析，不仅可以发现语言内容的演变规律，而且可以挖掘不同阶段社会发展的面貌。

多语种语料库不仅涵盖了不同国家的语言资源，而且存储了各国不同文化背景的社会交往信息，理应作为一种国家战略数据资源而受到更多的关注。各语种语料资源本身可以进行针对性的语料资源挖掘，而在不同语种语料资源之间实现的语义匹配，以及跨文化的多语种语料资源应用价值更是极具商业前景。在移动互联网的时代背景下，企业竞争更加强调对数据价值的利用率，国际竞争越发体现为数据层面的竞争，因此对多语种语料库应用价值的有效挖掘将成为提升国家与企业国际竞争力的重要手段。多语种语料库中蕴藏着丰富的语料资源与完整的社会信息，从中可以发现不同语言和文化背景下的社会关系，对这些数据的深入挖掘可以帮助企业了解更加多元化的国际社会环境。在多语种语料库的支持下，企业可以对不同文化和社会背景下的国际贸易环境有更加全面的了解，并且其是提升企业国际竞争力的重要手段和途径。同时，结合多语种语料库的语料来源，特别是对政策法律、版权专利、合同文本等语料资源进行各自领域的特征分析，可以帮助企业从语料层面发现各国的发展现状和特征规律，企业在相应领域进行贸易活动时，可以充分借鉴语料资源数据挖掘的结果，使贸易活动更有针对性和方向性。

近些年，智慧城市（Smart City）的概念被提出，并成为现阶段城市国际化和现代化发展的重要方向和趋势，国内外主要城市都提出了自己的智慧城市建设思路。多语种语言服务是智慧城市建设中的重要环节，特别是国际化大都市的建设更离不开多语种环境的支持（郭书谦、沈骑，2021）。智慧城市建设的核心是对城市数据的管理，多语种语料库中存储的海量语料数据不仅可以满足多语种语言服务的需要，而且为多语种语料库中语料信息的挖掘和语义网络的构建提供数据层面的支持，特别是通过分析城市管理中大量的社会交流活动了解人们生活的状态和意识。多语种语料库还可以通过建立本地语言与外来语言间的关联，帮助城市管理者提供更有效的国际化服务与合作交流。

四 语料库安全保障研究的重要性将日益凸显

语料库中丰富的语料资源不仅是语言服务以及智能应用活动顺利开展的重要基础和保障，而且蕴藏着海量的社会数据资源。特别是在大数据时代，语料库中的语料资源已不再是单纯的语言存储和学术研究，而是可以完整描述整个"社会脸谱"的重要资源。"社会脸谱"一词当前并没有准确的学术界定，更多的是对整个社会形态、经济活动和人文环境的概括性描述，大数据分析可以在海量数据的基础上，实现对"社会脸谱"不同维度上的观测和评判，使得研究者可以从数据视角实现对社会机构和状态的有效分析。因此，从社会安全和稳定的角度出发，语料库资源不能再被简单地看作一种研究的工具和手段，而是要将语料库的安全保障上升到行业安全和国家安全的层面，切实保护语料库资源以及数据分析结果。

对于语料库安全保障的研究，可以从多个层面开展。首先，现代语料库的设计与构建离不开计算机技术的支持，语料资源需要存储在以数据库为基础的数据环境中，因此语料库的安全保障涉及数据库的安全保障。数据库安全的研究由来已久，但是随着互联网和大数据时代泄密事件的频发，数据库的安全不断面临新的挑战，无论是传统的数据加密技术，还是数据的物理隔离，又或是区块链技术的出现，都在不断提升数据库的安全保障水平。但是要注意，即使是有诸如区块链这样的"去中心化"和"去信任化"的可信数据传输技术，可以实现数据隐私的安全保障，但是仍旧无法避免未来该技术被攻破，所以技术层面的数据安全研究仍需要不断创新、不断提高（祝烈煌等，2017）。其次，在人工智能时代，机器学习和深度学习等技术都依赖于语料库资源的支持，因此在人工智能应用中语料库有着特殊的价值，企业和研究机构需要加强对语料库，特别是基于语料库资源构建分析模型的安全保障意识，在保护数据安全的基础上，通过申请版权、专利、著作权保护等手段，维护企业在语料库相关核心知识产权领域的权益。最后，从政府层面来讲需要尽快完善语料库安全保障相关法律法规的制定工作。一方面语料库中存在大量涉及公民隐私的语料资源，当前对于这些涉及公民隐私的语料资源的使用范畴还没有明确的界定和限制，政策的模糊使得隐私保护的"灰色地带"仍旧存在，因此大数据背景下语料库使用的伦理问题还需要学者和相关部门在深入研究的基础上进一步完善，并制定能够切实保护数据隐私，同时能够有效支持"智能信息系统"（Smart Information System）顺利运行的理论框架（丁磊，2021）。另一方面，政府层面还需要加强对国内语料库及相关平台的安全监督，特别是从国家安全视角出发，有效地引导企业或机构合理使用语料库资源，防止语料库资源的非正常流出给中国企业或组织在国际贸易、技术交流、文化传播等领域造成危害或损失。

  人工智能和大数据时代的来临，使得计算机和海量数据分析在日常生活和社会运转过程中扮演越来越重要的角色。交流与沟通是人类社会发展进步的重要一环，语料库技术的发展使得基于文字、语音甚至图形图像的人机交互越发成熟，人工智能技术的强大使得数字技术深刻地改变着未来社会的发展走向。基于大数据采集的语料库规模不断扩大，多语种语料库建立的难度大大降低，同时人工智能技术使得语料库应用的范围更加规范，实现的功能更加复杂多样。以多语种语料库为基础，实现的海量数据挖掘和应用价值研究正成为各行各业发展的重要组成。在可以预见的未来，多语种语料库还将在社会发展中继续扮演重要的角色，也将在更多的社会经济领域中发挥重要的作用，更好地服务社会、服务明天。

参考文献

中文文献

陈鹤琴，2014，《语体文应用字汇》，《语料库语言学》第 1 期。

陈润生，2013，《从语义学角度谈汉语中的歧义现象》，《湖北科技学院学报》第 6 期。

戴慧，2019，《构建版权贸易数字化平台和联盟 促进版权贸易发展》，《发展研究》第 11 期。

丁磊，2021，《人工智能和大数据中为伦理与隐私》，《电子技术》第 5 期。

奉国和、郑伟，2011，《国内中文自动分词技术研究综述》，《图书情报工作》第 2 期。

耿维峰，2018，《大学英语写作教学语料车的构建及应用研究》，《现代交际》第 22 期。

谷羽，2019，《语义网络分析方法在传播学中的应用及批判》，《现代传播（中国传媒大学学报）》第 4 期。

郭书谏、沈骑，2021，《智慧城市建设中的语言服务》，《语言战略研究》第 3 期。

雷秀云、杨惠中，2001，《基于语料库的研究方法及 MD/MF 模型与学术英语语体研究》，《当代语言学》第 2 期。

李超、柴玉梅、高明磊、昝红英，2017，《句法分析和深度神经网络在中文问答系统答案抽取中的研究》，《小型微型计算机系统》第6期。

李红良，2009，《智能决策支持系统的发展现状及应用展望》，《重庆工学院学报》（自然科学版）第10期。

李慧，2016，《基于云计算的企业大数据商业价值创造研究》，《科技与经济》第3期。

李现乐，2016，《语言服务的显性价值与隐性价值——兼及语言经济贡献度研究的思考》，《语言文字应用》第3期。

李宇明，2016，《语言服务与语言产业》，《东方翻译》第4期。

梁茂成，2012，《语料库语言学研究的两种范式：渊源、分歧及前景》，《外语教学与研究》第3期。

刘国兵，2008，《现代大型机读语料库的标注方法——以CEC政府文件子语料库标注为例》，《山东外语教学》第5期。

刘希妍，2016，《利益相关者视角下的企业社会责任本土化研究——基于语料库的案例分析》，《当代教育实践与教学研究》第11期。

罗建平，2011，《美国总统就职演讲主题词的语料库分析》，《浙江外国语学院学报》第5期。

庞伟，2015，《双语语料库构建研究综述》，《信息技术与信息化》第3期。

苏晓娟、张英杰、白晨、吴思，2019，《科技大数据背景下的中英双语语料库的构建及其特点研究》，《中国科技资源导刊》第6期。

孙多勇，2005，《突发性社会公共危机事件下个体与群体行为决策研究》，博士学位论文，国防科学技术大学。

唐家渝、孙茂松，2013，《新媒体中的词云：内容简明表达的一种可视化形式》，《中国传媒科技》第11期。

王浩畅、赵铁军，2008，《生物医学文本挖掘技术的研究与进展》，《中文信息学报》第3期。

王文坛，2020，《浅谈大数据时代企业商业模式创新策略》，《科技经济市场》第 6 期。

王雁，2020，《基于语料库的涉华英文报道话语研究——以"一带一路"沿线主要国家为例》，《铜陵职业技术学院学报》第 1 期。

翁莉佳，2012，《国内外汉语语料库建设发展概述》，《海外英语》第 3 期。

吴福焕、林进展、周红霞，2016，《新加坡教育专用语料库的建设与应用》，《华文教学与研究》第 3 期。

熊富林、邓怡豪、唐晓晟，2015，《Word2vec 的核心架构及其应用》，《南京师范大学学报》（工程技术版）第 1 期。

徐大明，2017，《语言学理论对自然语言处理的影响和作用》，《云南师范大学学报》（哲学社会科学版）第 3 期。

荀恩东、饶高琦、肖晓悦、臧娇娇，2016，《大数据背景下 BCC 语料库的研制》，《语料库语言学》第 1 期。

阎晓宏，2014，《中国版权事业的里程碑——〈视听表演北京条约〉出台始末》，《中国版权》第 3 期。

易红发，2020，《媒体议程对个人议程的影响研究——基于 Twitter 平台的大数据文本挖掘与主题建模的进路》，《新闻大学》第 5 期。

袁军，2014，《语言服务的概念界定》，《中国翻译》第 1 期。

原伟，2018，《俄语大型动态网络语料库建设与应用分析》，《电脑知识与技术》第 4 期。

曾小芹，2019，《基于 Python 的中文结巴分词技术实现》，《信息与电脑》（理论版）第 18 期。

张文、沈骑，2016，《近十年语言服务研究综述》，《云南师范大学学报》（对外汉语教学与研究版）第 3 期。

赵金宇、冯彦，2012，《商业广告语篇中的情态资源》，《东北师大学报》（哲学社会科学版）第 2 期。

赵世举，2012，《从服务内容看语言服务的界定和类型》，《北华大学学报》（社会科学版）第3期。

赵妍妍、秦兵、刘挺，2010，《文本情感分析》，《软件学报》第8期。

朱鹏霄，2020，《建设应急多语种语料库，助力国家应急语言服务》，"中国日报网"百家号，https://baijiahao.baidu.com/s?id=1668533819187182574&wfr=spider&for=pc。

祝烈煌、高峰、沈蒙、李艳东、郑宝昆、毛洪亮、吴震，2017，《区块链隐私保护研究综述》，《计算机研究与发展》第10期。

外文文献

Atkinson, Q. D., 2011, "Phonemic Diversity Supports a Serial Founder Effect Model of Language Expansion from Africa," *Science*, 335 (6072): 1042.

Bakshi, R. K., Kaur, N., Kaur, R., Kaur G., 2016, "Opinion Mining and Sentiment Analysis," In 2016 3rd International Conference on Computing for Sustainable Global Development.

Barker, J., Marxer, R., Vincent, E. et al., 2017, "The CHiME Challenges: Robust Speech Recognition in Everyday Environments," New Era for Robust Speech Recognition, Springer.

Bird, S., Klein, E., Loper, E., 2009, "Nataral Language Processing with Python," O'Relly Media.

Brutti, A., Cristoforetti, L., Kellermann, W. et al., 2010, "WOZ Acoustic Data Collection for Interactive TV," *Language Resources and Evaluation* 44 (3): 205–219.

Chahuara, P., Fleury, A., Portet, F., Vacher, M., 2016, "On-line Human Activity Recognition from Audio and Home Automation Sensors: Comparison of Sequential and Non-sequential Models in Realistic Smart

Homes," *Journal of Ambient Intelligence and Smart Environments* 8 (4): 399-422.

David, A., 1963, "Conversation and Spoken Prose," *Elt Journal* (1): 10-16.

Desot, T., Portet, F., Vacher, M., 2019, "Towards End-to-End Spoken Intent Recognition in Smart Home," 2019 International Conference on Speech Technology and Human-Computer Dialogue (SpeD).

Erjavec, I., Erjavec, T., Kilgarriff, A., 2008, "A Web Corpus and Word Sketches for Japanese," *Information and Media Technologies* 3 (3): 529-551.

Fleury, A., Vacher, M. et al., 2013, "A French Corpus of Audio and Multimodal Interactions in a Health Smart Home," *Journal on Multimodal User Interfaces* 7 (1-2): 93-109.

Geoffrey, L., Stig J., 2009, "The Coming of ICAME," *ICAME Journal* (33): 5-20.

Ghannay, S., Caubriere, A., Esteve, Y. et al., 2018, "End-To-End Named Entity And Semantic Concept Extraction From Speech," 2018 IEEE Spoken Language Technology Workshop (SLT).

Hatzivassiloglou, V., McKeown, K., 1997, "Predicting the Semantic Orientation of Adjectives," In 35th Annual Meeting of the Association for Computational Linguistics and 8th Conference of the European Chapter of the Association for Computational Linguistics.

Kutuzov, A., Kunilovskaya, M., 2017, "Size vs. Structure in Training Corpora for Word Embedding Models: Araneum Russicum Maximum and Russian National Corpus," International Conference on Analysis of Images, Social Networks and Texts.

Lugosch, L., Ravanelli, M., Ignoto, P. et al., 2019, "Speech Model Pre-training for End-to-End Spoken Language Understanding," ArXiv: 1904.

Oka, T., Ishimoto, Y., Yagi, Y., Nakamura, T., Asahara, M., Maekawa, K., Ogiso, T., Koiso, H., Sakoda, K., Kibe, N., 2020, "KOTONOHA: A Corpus Concordance System for Skewer-Searching NINJAL Corpora," In Proceedings of The 12th Language Resources and Evaluation Conference.

Peetoom, Kirsten, K. B. et al., 2015, "Literature Review on Monitoring Technologies and Their Outcomes in Independently Living Elderly People," *Disability and Rehabilitation: Assistive Technology* 10 (4): 271–294.

Qian, Y., Bian, X., Shi, Y. et al., 2021, "Speech-language Pre-training for End-to-end Spoken Language Understanding," ArXiv: 2102.06283v1.

Skelton, J. R., Whetstone, J., 2012, "English for Medical Purposes and Academic Medicine: Looking for Common Ground," *Ibérica* 24: 87–102.

Staples, S., 2015, "Examining the Linguistic Needs of Internationally Educated Nurses: A Corpus-based Study of Lexico-grammatical Features in Nurse-patient Interactions," *English for Specific Purposes* 37: 122–136.

Svenja, A., Brian B., Ronald, C. et al., 2007, "Applying Corpus Linguistics in a Health Care Context," *Journal of Applied Linguistics and Professional Practice* 1 (1): 9–28.

Thomas, S., Kai, W., 2012, *Multilingual corpora and multilingual corpus analysis*, John Benjamins Publishing Company.

Tur, G., 2011, *Spoken Language Understanding: Systems for Extracting Semantic Information from Speech*, Morgan & Claypool.

Turney, P. D, 2002, "Thumbs Up or Thumbs Down? Semantic Orientation Applied to Unsupervised Classification of Reviews," *Proceedings of the Association for Computational Linguistics*.

Vacher, M., Caffiau, S., Portet, F. et al., 2015, "Evaluation of a Context-

Aware Voice Interface for Ambient Assisted Living," *ACM Transactions on Accessible Computing* 7（2）：1–36.

Wang, C. C., Ding, Q. L., Tao, H., Li, H., 2012, "Comment on 'Phonemic Diversity Supports a Serial Founder Effect Model of Language Expansion from Africa'," *Science* 335（6069）：657.

Wang, G., Xie, S., Liu, B., Yu, P. S., 2012, "Identify Online Store Review Spammers Via Social Review Graph," *ACM Transactions on Intelligent Systems and Technology* 3（4）：1–21.

Zhao, S., Su, C., Lu, Z. et al., 2021, "Recent Advances in Biomedical Literature Mining," *Briefings in Bioinformatics* 7798.

木村泰知等，2012，"地方議会会議録コーパスの構築とその利用，"人工知能学会全国大会論文集第26回全国大会，一般社団法人 人工知能学会。

寺嶋弘道，2011，"日本語教育におけるコーパスの応用——データ駆動型学習とその実践方法の考察，"ポリグロシア 20：91–103。

后　记

　　语言是人类文明世代相传的载体，是文化沟通理解的桥梁，是文明交流互鉴的纽带，对文化传承和发展举足轻重。发展外语教育早已成为全球共识，外语教育具有工具性、人文性和国际性等多重价值属性。外国语言文学的研究和教学在中国具有深厚积淀，语言文化资源的积累几乎涵盖全球主要语言，特别是共建"一带一路"国家语言资源进一步富集。语言资源正亟待"使用起来、经营起来、活跃起来"，因此，对语料库进行商业挖掘与产业化发展，真正将资源转化为产业、贸易优势，以满足社会经济文化发展需求，必然是文化服务贸易的重要研究内容。

　　语料库是基于真实的语言使用场景中出现的语言素材，经过科学取样和数据加工形成的大规模电子资源库，是进行词典编纂、语言教学、语言学研究、自然语言处理等领域应用的重要基础资源。在大数据和人工智能深度融合的时代，我们的日常生活、工作学习、商业经营越发离不开大数据的支持，人工智能技术在带来极大便利的同时，正在影响我们的思维方式和行为习惯。小到我们每一次的在线购物，大到跨国贸易活动，都越发受到数字技术的深刻影响。语料库中存储的海量语料资源，不仅来源于真实的生活场景，同时也是文化传承的重要载体。语料库在提升人工智能预测质量、增强适应性方面具有独一无二的重要作用，是人工智能环境实现的重要基础。多语种语料库在传统单语种和双语种语料库基础上，容纳了更多种类的语料资源，依托于多语种语料库实现的大数据分析和人工智能环境可以更加广泛地适用于全球化应用领域，同时跨语种的数据挖掘可以呈现出更加多元、丰富的内容，充分利用这些资源可以发挥多语种语料库巨大的潜在价值。

在这样的背景下，2018年10月，我与王海文教授访问日本，在赴奈良途中思考并讨论形成了研究思路与总体框架，"'一带一路'语言资源商业挖掘及版权贸易发展研究"受到计金标、李小牧、郑承军教授的认可，得到由李宇明教授领衔的语言资源高精尖创新中心的支持，最终获得立项。

《多语种语料库的应用价值研究》通过对多语种语料库发展历史、分类、关键技术的梳理，力求深入理解其内涵与定位，挖掘它在人工智能时代显现出的越来越重要的作用和价值。多语种语料库中的语料资源不仅仅是数字化的语料资源，更是对该语言所承载的文化基因、社会生产生活的真实反映，多语种语料库的应用价值挖掘和数据安全保障必将随数字经济时代的发展而备受瞩目，也将成为大数据时代日常生活、商业往来、社会交往等活动中最为核心且关键的数据资源，极具深远的战略意义。

研究院首届招收的交叉学科国际文化贸易学术型硕士研究生参加了相关研讨活动，来自应用经济学方向的方朔、胡心怡、李婕臣希、贺春生，来自西班牙语国家文化贸易方向的弗雯，来自日本文化贸易方向的刘昂、许婉玲，来自英语国家文化贸易方向的杨彤、李煜戈等参与基础文献的搜集与梳理工作，黄埔一期的同学们"在学习中研究，在研究中学习"，参与的过程也是成长的过程。感谢北京语言大学语言资源高精尖创新中心和北京第二外国语学院国家文化发展国际战略研究院、首都国际交往中心研究院、中国服务贸易研究院、首都国际服务贸易与文化贸易研究基地提供的自由而广阔的思想平台。感谢社会科学文献出版社编辑严谨认真的工作态度和辛勤的付出。本书的出版得到北京第二外国语学院"科技创新服务能力建设——高精尖学科建设"项目经费支持，在此一并致以谢意。

期待与各界专家学者交流研讨，持续深入推进"一带一路"语言资源商业挖掘及版权贸易发展研究。

2021 年于北京

图书在版编目(CIP)数据

多语种语料库的应用价值研究 / 李嘉珊,田嵩著. -- 北京:社会科学文献出版社,2021.12
(数字产业创新研究丛书)
ISBN 978 - 7 - 5201 - 9611 - 6

Ⅰ.①多… Ⅱ.①李… ②田… Ⅲ.①语料库 - 语言学 - 研究 Ⅳ.①H0

中国版本图书馆 CIP 数据核字(2021)第 278194 号

数字产业创新研究丛书
多语种语料库的应用价值研究

著　者 / 李嘉珊　田　嵩

出 版 人 / 王利民
责任编辑 / 路　红
文稿编辑 / 王　倩
责任印制 / 王京美

出　　版 / 社会科学文献出版社(010)59367194
　　　　　 地址:北京市北三环中路甲29号院华龙大厦　邮编:100029
　　　　　 网址:www.ssap.com.cn
发　　行 / 社会科学文献出版社 (010) 59367028
印　　装 / 三河市东方印刷有限公司
规　　格 / 开　本:787mm × 1092mm　1/16
　　　　　 印　张:12.25　字　数:170 千字
版　　次 / 2021 年 12 月第 1 版　2021 年 12 月第 1 次印刷
书　　号 / ISBN 978 - 7 - 5201 - 9611 - 6
定　　价 / 128.00 元

读者服务电话:4008918866

版权所有 翻印必究